BUDO NO JITEN

DICIONÁRIO TÉCNICO DE ARTES MARCIAIS JAPONESAS

"O LIVRO INDISPENSÁVEL AO ARTISTA MARCIAL"

Dados Internacionais de Catalogação na Publicação (CIP)
(Câmara Brasileira do Livro, SP, Brasil)

Soares, José Grácio Gomes
Budo no jiten : dicionário técnico de artes
marciais japonesas : "o livro indispensável ao
artista marcial" / José Grácio Gomes Soares. —
São Paulo : Ícone, 2007.

Bibliografia.
ISBN 978-85-274-0914-8

1. Artes marciais - Dicionários I. Título.

06-9057   CDD-796.803

Índices para catálogo sistemático:
1. Artes marciais : Dicionários   796.803

José Grácio Gomes Soares

BUDO NO JITEN

DICIONÁRIO TÉCNICO DE ARTES MARCIAIS JAPONESAS

"O LIVRO INDISPENSÁVEL AO ARTISTA MARCIAL"

ícone
editora

© Copyright 2007.
Ícone Editora Ltda.

Capa e Diagramação
Andréa Magalhães da Silva

Revisão
Rosa Maria Cury Cardoso

Proibida a reprodução total ou parcial desta obra,
de qualquer forma ou meio eletrônico, mecânico,
inclusive através de processos xerográficos,
sem permissão expressa do editor
(Lei n° 9.610/98).

Todos os direitos reservados pela
ÍCONE EDITORA LTDA.
Rua Anhanguera, 56 – Barra Funda
CEP 01135-000 – São Paulo – SP
Tels./Fax.: (11) 3392-7771
www.iconeeditora.com.br
iconevendas@iconeeditora.com.br

Índice

Minhas Palavras, 7
O Dojo-Kun, 9
Mestre Susumu Suzuki, 11
Agradecimento, 13
Considerações, 15
Algo a respeito da pronúncia japonesa, 17
Aos irmãos latinos, 19
Especial agradecimento, 21
Letra "A" – Age a Ayumi-ippon-ken, 27
Letra "B" – Bafuku a Butsukari, 35
Letra "C" – Chabana a Chusoku, 43
Letra "D" – Dachi a Doshu, 51
Letra "E" – Ebi a Eri-seoi-nage, 57
Letra "F" – Fudo-Antei a Futatsu, 59
Letra "G" – Gaeshi a Gyotaku, 63
Letra "H" – Há a Hou-shin, 77
Letra "I" – Iai a Iudo, 93
Letra "J" – Jiai a Jyu-ippon-kumite, 101
Letra "K" – Kaburi a Kyuzo Mifune, 111
Letra "M" – Ma-Ai a Musubi-Dachi, 149
Letra "N" – Nagagi a Nunchaku, 163

Letra "O" – O a Ozeki, 173
Letra "P" – Papuren a Pisitoru, 181
Letra "R" – Ran a Ryu to ken, 185
Letra "S" – Sabaki a Suware-Waza, 189
Letra "T" – Tabi a Tyu shin sen, 221
Letra "U" – Uchi a Uwate nage, 237
Letra "W"– Wa a Wazari-awasete-ippon, 243
Letra "Y" – Ya a Yuuko-datotsu, 247
Letra "Z" – Za a Zuki, 253
Tradução de alguns termos usados nas Artes Marciais, 257
Bibliografia, 279

Minhas Palavras

"Ensina a comprender
o verdadeiro significado
da condição guerreira"

O mundo contemporâneo está repleto de praticantes e estudiosos de Artes Marciais. Entretanto, poucas publicações abordam com propriedade o assunto. A Academia Militar das Agulhas Negras proporcionou-me conhecer e trabalhar com o Prof. Grácio nas instruções de combate corpo a corpo, permitindo-me afirmar que esta obra foi escrita por uma autoridade no assunto, proporcionando aos aficionados pelas Artes Marciais um livro indispensável em suas bibliotecas.

Nesse seu nono livro, o autor, por meio de uma linguagem simples e direta, aborda com brilhantismo o conjunto de termos utilizado nas Artes Marciais e seus respectivos significados, que certamente ajudarão o leitor a compreender melhor as Artes Marciais.

Aqueles que buscam nas Artes Marciais uma viagem de autodescoberta e transformação necessitam de um livro que pudesse esclarecer algumas expressões.

As pesquisas realizadas pelo Sensei Grácio, intensas e amplas, conduziram a resultados práticos para uso imediato e direto.

A leitura do livro é participar de um repositório de informações e conhecimentos para toda vida.

Major Marco Aurélio Baptista
Instrutor Chefe da SEF – Seção de Educação Física
AMAN – Academia Militar das Agulhas Negras
Exército Brasileiro

O Dojo-Kun

Senti a necessidade de deixar expressas algumas considerações a respeito do "Dojo-Kun", pois tenho certeza que é de suma importância para a condução e a manutenção de um Dojo; considero-o a viga mestra de toda escola de Artes Marciais.

Toda entidade tem seus regulamentos e preceitos que a norteiam dentro de um princípio que é especificamente dela. Nas Artes Marciais também, pois, por se tratar de uma atividade milenar, traça os seus ideais no "Zen Shoto-Shu".

É de praxe que todas as escolas iniciem seus trabalhos sob os princípios do Dojo-Kun. Alguns "Dojo-Kun" diferem nas palavras uns dos outros, mas o seu significado, o seu espírito, é o mesmo.

Assim, descrevo abaixo um Dojo-Kun, que é adotado por muitas escolas de Karatê-Dô, inclusive a organização a que pertenço:

Eu prometo:
- Dar importância à cortesia;
- Observar as regras do Karatê;
- Construir um mundo mais pacífico, reprimindo atos brutais;
- Nunca fazer mau uso do Karatê;
- Procurar ser campeão da liberdade e justiça.

Abaixo, a transcrição original em "Romanji" – Japonês.

Sen Yaku Soku:
- Reigui tadashiku shimasu;
- Karate no michi o mamori masu;
- Sekai heiwa o tate zan nin o gyosei suru koto;
- Karate wa zettaini waruku tukawanai;
- Jiyu seido o matome masu.

Mestre Susumu Suzuki
(1945-1997)

Ao meu professor, Sensei Susumu Suzuki, que tanto contribuiu para a formação do meu caráter e solidez técnica, e com os meus conhecimentos do Karatê-Dô Wado-Ryu Kii-Kuu-Kai. Os meus mais altos agradecimentos e a gratidão eterna por tudo mais que tive a honra e a felicidade de aprender e conhecer.

Por um golpe do destino, não mais se encontra em nosso meio: no final de fevereiro de 1997, foi chamado ao "Oriente Eterno" pelo nosso Deus – o Grande Arquiteto do Universo. Assim, neste pequeno texto, mas sincero, deixo o meu muito obrigado, pois, por mais que eu possa falar ou escrever, jamais poderei expressar a minha gratidão a esse grande mestre.

José Grácio Gomes Soares
Karatê-Dô Kyoshi
• Faixa Preta 6º Grau – CBKI
• Diretor Nacional Kii-Kuu-Kai
• Fundador da Assoc.
Kii-Kuu-Kai em Minas Gerais

Agradecimento

Quero agradecer ao senhor Marco Aurélio Baptista, pelas palavras que teceu a meu respeito na abertura deste. Quero dizer também que conheci o Major Aurélio Baptista como é conhecido no meio militar, quando estava trabalhando na AMAN – Academia Militar das Agulhas Negras na Instrução de Combate Corpo a Corpo (para o corpo de tropa), indicado pelo Capitão Tibério (Márcio Luiz Passos Tibério, então Comandante da 4ª Cia. Básico "também meu aluno") no ano 2000. Esse moço foi trazido de um Quartel em São Paulo (ainda Capitão), em caráter especial para criar a Subseção de Lutas da AMAN, onde se tornou o Capitão Instrutor. Assim, o fez, e com a sua inteligência e conhecimentos coordenou o grupo de Instrutores e Monitores, principalmente na elaboração de um Caderno de Instrução totalmente atualizado, e criando um Plano de Instrução muito bem elaborado, como também Fita de vídeo e um CD-Room, com o objetivo de adestrar os cadetes que se tornarão oficiais, e repassarão essas instruções ao corpo de tropa em todo o nosso Brasil, que até então era um Projeto elaborado pelo Major Pessoa quando de sua estada da AMAN. Hoje no entanto, se tornou uma realidade, graças ao apoio dos Comandos: Geral da Academia e do Corpo de Cadetes, e esforço diuturno do Major Aurélio. O Major Aurélio, foi a pessoa certa para o cargo certo, pois, na sua vida de Oficial do Exército Brasileiro como Cadete da Academia, foi praticante de Judô e atleta da equipe da mesma, se dedicando até hoje. Com a minha estada na Academia, tornou-se meu aluno nas aulas de Karatê-Dô Wado-Ryu e Goshin-Jitsu, se tornando um dos destaques do grupo. Hoje, é o Instrutor Chefe da SEF – Seção de Educação Física, onde a Subseção de Lutas é vinculada. Tenho também a satisfação e o orgulho de tê-lo também como irmão na confraria que tem como bandeira o Esquadro e o Compasso.

José Grácio Gomes Soares

Considerações

O praticante das Artes Marciais, de um modo geral, na maioria das vezes não conhece o idioma da arte que pratica. Em nosso caso especial, o "Nihon-Go", o idioma japonês. Dessa forma, muitas perguntas e indagações ficam sem a devida resposta.

A idéia de fazer este "minidicionário" de termos técnicos de Artes Marciais japonesas foi a de oferecer mais subsídio aos nossos irmãos praticantes dessas modalidades, dando-lhes "um socorro" rápido às consultas dos budocas. Para isso, pesquisei em diversos livros e consultei alguns professores japoneses, juntei também os meus modestos conhecimentos adquiridos nos últimos 35 anos de prática e convívio nas Artes Marciais.

Tive a idéia de inserir, também, a pronúncia das respectivas palavras, utilizando o nosso idioma, agregando letras soltas, formando inclusive palavras alheias à nossa cultura e fora dos nossos dicionários, para mostrar de uma maneira simples e fora da nossa literatura o pronunciar dessas palavras.

Acredito que enriquecerá mais os nossos conhecimentos, pois além de sabermos as traduções dessas palavras complexas também saberemos a sua pronúncia.

O usuário deve levar sempre consigo este exemplar, pois, quando ele menos esperar, necessitará da "bendita consulta".

Acredito que esse pequeno dicionário ajudará muito os nossos irmãos de Artes Marciais.

O autor

"DESDE QUE EU SUFOQUE A SILENCIOSA VOZ INTERIOR, EU DEIXO DE SER ÚTIL."

(Ghandi)

Algo a respeito
da pronúncia japonesa

Muitos praticantes de Artes Marciais, principalmente aqueles que não são japoneses, possuem muita dificuldade no que diz respeito às pronúncias e às traduções dos termos técnicos marciais, assim, a idéia de fazer e de deixar claro algo bastante significante, é imperativo, pois, no "Nihon-go" – ou seja, no idioma japonês, não existe plural, feminino e nem as letras: V, L, X, F e Q. As palavras são desde monossílabas, dissílabas e trissílabas com acentuação tônica na maioria das vezes sempre na última sílaba, e em alguns casos do meio para o final das palavras, como por exemplo: **O-hayo Gozaimas (ô-raiô gôzaimás)** – Bom dia; **Hantei (rrântêi)** – Decisão; **Sensei (sênsêi)** – Professor; etc.

Dessa forma, os termos que se encontram nesse Pequeno Dicionário Ilustrado de Artes Marciais Japonesa, possuem a pronúncia e a tradução, levando ao leitor uma melhor compreensão das palavras.

17

"NUNCA SABEMOS O QUE É SUFICIENTE,
ENQUANTO NÃO SABEMOS O QUE É MAIS
DO QUE SUFICIENTE"

William Blake

Aos irmãos latinos

Eu creio que este exemplar irá colaborar consideravelmente nos estudos e nas pesquisas dos significados técnicos do Budô japonês pelos irmãos. Com um tríplice e fraternal abraço,

O autor

Especial agradecimento

A toda minha família, pelo apoio e a tolerância pelos momentos que tive, em me dedicar à busca de informações e pesquisas, como também, à Daiana Graciele (minha filha) pela colaboração na diagramação das ilustrações e formação estética do mesmo.

Grácio

Prof. José Grácio Gomes Soares
Budo Kyoshi - 6º Dan

Praticante de Artes Marciais desde 1969, iniciando-se no caminho do **BUDÔ**, aos 13 anos de idade praticando várias modalidades como:
- Capoeira Angola e Regional (Mestre na modalidade) - 1969/1975
- Boxe, Luta-livre e Hata Yoga - 1971/1973
- Ju-jitsu "Judô" (Faixa Preta 1º. Dan) - 1971/1976
- Karatê-Dô Shotokan-Ryu (Faixa Preta 1º. Dan) - 1973/1975

PRATICA HOJE:
- Karatê-Dô Wado-Ryu - Faixa Preta 6° Dan
- Goshin-Jitsu (Shindo Yoshin-Ryu) - Faixa Preta 3° Dan

ATUAÇÃO NO MOMENTO:
- Instrutor de Combate Corpo a Corpo – CORPO DE CADETES DA AMAN
- Instrutor de Karatê-Dô Wado-Ryu na AMAN
- Co-autor do atual Manual de Campanha de Combate Corpo a Corpo do Exército Brasileiro
- Instrutor de Goshin-Jitsu (Defesa Pessoal) na AMAN
- Supervisor Técnico Geral da Kii-Kuu-Kai Wado-Ryu Goshin-Jitsu de Minas Gerais
- Diretor de Arbitragem da Federação Minas Gerais de Karatê Interestilos
- Representante Wado-Ryu e Membro do Conselho de Arbitragem da CBKI – Confederação Brasileira de Karatê Interestilos

REPRESENTAÇÕES:
- Membro Honorário da **IMAF**-International Martial Arts Federation e da **ISKA** – International Shaolim Kung Fu Tian Kung Chuan Association – (Mendoza-Argentina)
- Membro Honorário da **AKIK** – Asociación Kobukan Internacional Karatê-Dô – (Tacna-Peru)
- Representante da Association Yosei-Kan International – (Paris-França)
- Representante Wado-Ryu Kii-Kuu-Kai na América do Sul (indicado pelo Mestre Susumu Suzuki – Hokkaido-Japão)

OUTROS:
Autor das seguintes fitas de vídeo :
- Karatê-Dô Wado-Ryu – Programa Técnico para Exame de Faixa até Sho-Dan "Faixa Preta"
- Goshin-Jitsu – Curso Avançado de Defesa Pessoal

Autor dos seguintes livros:
- Karatê-Dô Wado-Ryu (Ícone Editora S/A – São Paulo-SP – 2ª edição)
- Karatê-Dô (Circulação interna às academias e alunos filiados à entidade)

No prelo:
- Karatê Kata – Vol. I
- Karatê Kata – Vol. II
- Karatê Kata – Vol. III
- Karatê Kata – Vol. IV
- Karatê Kata – Bunkai-Kata
- Goshin-Jitsu (Defesa Pessoal)
- Artes Marciais – BUDÔ "Caminho do Guerreiro"

A

AGE *[agê]* – ascender, para cima.

AGE-ENPI *[agê-enpí]* – golpe desferido com o cotovelo de baixo para cima no queixo, usado constantemente no Karatê, Goshin-Jitsu e em muitos outros estilos de Jiu-Jitsu.

AGE-OSHI *[agê-ôxí]* – comprimir o queixo para trás, para livrar-se ou dificultar um estrangulamento.

AGERU *[agêrú]* – suspender, levantar, içar, etc.

AGE-TSUKI *[agê-tzuqui]* – soco ascendente, soco para cima.

AGE-UKE *[agê-uquê]* – defesa para cima, ou ascendente.

AGO *[agô]* – queixo.

AGURA *[agurá]* – posição sentada com os pés cruzados.

AI *[aí]* – universo, universal. 1-Também idéia de unir, juntar, amor, etc.

27

AIAME *[aiamê]* – distanciar simetricamente do oponente, no Aikidô.

AI-DA *[aidá]* – afastamento, distância, posicionamento, etc.

AI HAN'MI *[aí rrâmí]* – posição de guarda no Aikidô, com Nage e Uke, com os mesmos lados à frente.

AI-IRE-SO-KUATSU *[aí-irê-sô-quatsú]* – são técnicas de reanimação, de desfalecimento.

AIKI *[aiquí]* – idéia de unir pensamento central do Aikidô.

AIKIDÔ *[aiquidô]* – caminho da união do espírito com o Universo. Estilo de Arte Marcial oriunda da mescla do antigo Ju-jitsu. A maior influência, foi do Kito-Ryu Jitsu e do Aiki-Jitsu aliada a uma série de modalidades praticadas pelo mestre Uiyeshiba à filosofia de veneração doutrinada pelo mestre Deguchi. Esse estilo de luta, foi criado em 1927 pelo grande mestre Morihei Uiyeshiba. A história do Aikidô confunde-se com a vida do grande mestre Morihei Uiyeshiba. O começo de sua vida no caminho do Budô deu-se aos 10 anos de idade. Durante a sua vida marcial, treinou e estudou diversas modalidades da época, como: Koshin no Kata Ju-Jitsu, Ken-Jitsu, Aisu-Kuge-Ryu e Daito-Ryu, estudou o Ken (sabre), Yari (lança) e o Naginata (alabarda) da escola Shinkage. A partir daí, começou a estudar todos os lutadores das diversas Artes Marciais da

Técnica de Nage-waza aplicada pelo aikidoka.

época, imaginando-os portando armas. Em 1918, encontra-se com o reverendo Onisaburo Degushi. Com os seus aprendizados teológicos, embasou a sua prole, o Aikidô. Seu pai, que também era praticante de uma antiga modalidade de Ju-Jitsu, chamada Aiki-Jitsu, sem dúvida nenhuma lhe transmitiu as técnicas e os segredos deste importante estilo, que notoriamente deu à luz a criação para esse grande mestre, criar o Aikidô – Caminho da harmonia do corpo e da mente com a natureza. O mestre Morihei Uiyeshiba nasceu na província de Kii, em novembro de 1883, e veio a falecer em 1969. Foi fundador da Fundação Aiki-Kai e presidente da Budo Sen Yokai. Este mestre foi laureado com diversas honrarias, não só pelas organizações de Artes Marciais japonesas, mas também pelo Imperador Hiroito. Entre os seus alunos mais famosos, citamos: Ryosuke Suzuki, Minoru Mochizuki, Kenji Tomiki, Rengiro Shirata, Ioichiro Inoue, Hisao Kamata, Hajime Iwata e Gozo Shioda.

AIKIDO-KA *[aiquidôcá]* – praticante do Aikidô.

AIKI-JITSU *[aiqui-djitsu]* – antiga modalidade de luta, que deu origem ao Aikidô.

AIKI JIU-JITSU *[aiquí djiú-djítsú]* – conjunto de técnicas de Artes Marciais, usando o princípio de "aiki", sem o espírito do "do".

AIKI-KAI *[aikicaí]* – associação do Aikidô, com sede no Japão.

AIKI-OTOSHI *[aiqui-ôtôxí]* – técnica em que se ergue o corpo do adversário em Aikidô.

AIKI-TAISO *[aiquí-taisô]* – treinamentos específicos para desenvolver a estabilidade e o fluxo de "ki".

AINU [*ainú*] – antigos guerreiros (aborígenes) habitantes das montanhas do Japão, e que segundo muitos historiadores, deu origem ao povo japonês. Hoje, esse povo vive na ilha de Hokkaido, com aproximadamente 16.000 habitantes.

AITE [*aitê*] – oponente, adversário, etc.

AIUCHI [*aiutxí*] – golpes mútuos. Diz-se nas competições quando dois golpes são desferidos ao mesmo tempo.

AKA [*acá*] – vermelho. Cor vermelha.

AKA NO KACHI [*acá nô catxí*] – vitória do vermelho, conforme regras das competições do Karatê-Dô e do Judô.

AKIYAMA, SHIROBEI YOSHITOKI [*aqui'iama, xirôbêi iôxitôqui*] – grande mestre criador do estilo Yoshin-Ryu de Jiu-Jitsu. Esse estilo teve grande influência na concepção de inúmeros outros estilos irmãos, e algumas modalidades correlatas no contexto Arte Marcial. A história conta que um dia, esse mestre estava meditando em um vale, e observava a neve cair, muitas das árvores se partia, outras dobravam-se, enquanto que a árvore do salgueiro cedia quando a neve a tocava, e logo se erguia após a passagem do peso da mesma. Então esse mestre, filosoficamente disse: "... o meu estilo se chamará O Coração de Salgueiro..." – Estilo com o coração de Salgueiro.

AKO [*acô*] – queixo. Também se lê "ago". É o nome de um antigo Kata do Karatê da região de Naha (Naha-te). É praticado nas escolas entre outras; Sanku-Ryu (Sanku-Kai).

AMANDA [*amanda*] – se diz da plenitude da alma e/ou do espírito. Também, diz-se "Amida ou Amida-Butsu", que significa: Vida Infinita, conforme o "Jodo Shinshu".

ANNAN [*an'nan*] – nome de um antigo Kata do Karatê da região de Naha (Naha-te). É praticado nas escolas entre outras; Shito-Ryu, Okinawa Goju-Ryu, etc.

ANNANKO [*an'ancô*] – nome de um antigo Kata do Karatê da região de Naha (Naha-te). É praticado nas escolas entre outras; Shito-Ryu, Okinawa Goju-Ryu, etc.

AOI, (Ao) [*aôi*] – azul. Cor azul.

AOI NO KACHI [*aôi nô catxí*] – vitória do azul, conforme regras de competição do Karatê-Dô e do Judô.

AOI, Ao OBI [*aôi-ôbí*] – faixa azul.

ARASHI [*araxí*] – forte tempestade. É o nome de um golpe muito especial do Judô (ver Yama-arashi).

ASAHI [*asarrí*] – o "Sol Nascente", símbolo do Japão, isto é: do Leste ou Oriente.

ASHI [*axí*] – pé, perna.

ASHIBARAI [*axibaraí*] – rasteira, varrer. Também se lê "de-ashibarai".

ASHI-GARAMI [*axi-garami*] – envolvimento da perna pelo braço. Essa técnica não é permitida nas regras de competição do Judô.

ASHI-GATAME [*axí-gatamê*] – 1- Agarramento com chave, efetuada com o auxílio do enganchamento dos pés. 2- Golpe de estiramento na posição sentado no Judô.

ASHI-GATAME-JIME *[axí-gatamê-djimê]* – estrangulamento executado com as pernas.

ASHI-GATANA *[axí-gataná]* – diz-se do cutelo do pé. 1-Faca do pé.

ASHI-GATANA-JIME *[axí-gataná-djimê]* – estrangulamento executado com as pernas.

ASHI-GURUMA *[axí-gurumá]* – 1- Técnica aplicada de forma circular utilizando a perna. 2- Girar, rodar com a perna.

ASHI-KUBI *[axí-cubí]* – tornozelo.

ASHI NO DACHI *[ashi nô datxí]* – posição das pernas, pés.

ASHI NO TACHI *[axí nô tatxí]* – posições básicas onde a colocação dos pés é importante.

ASHI NO URA *[axí nô urá]* – sola do pé.

ASHI NO YUBI *[axí nô iubí]* – artelhos.

ASHI-SOKO *[axí-sôcô]* – chute com o pé.

ASHI-TE-WAZA *[axí-tê-uazá]* – agrupamento de técnicas de mãos e pés.

ASHI-UKE-WAZA *[axí-uquê-uazá]* – agrupamento de técnicas de defesa.

ASHI-URA *[axí-urá]* – diz-se da planta do pé. 1 - Solado do pé.

ASHI-WAZA *[axí-uazá]* – técnicas de pés ou pernas, como por exemplo: "okuri-ashi-barai"; "sassae-tsuri-komi-ashi"; "uchi-mata"; etc.

ATAMA *[atamá]* – cabeça, superior, acima, ...

ATARI *[atarí]* – onde se procura atingir o objetivo, concentrando todas as energias.

ATATA-MARU *[atatá-marú]* – exercícios de aquecimento antes da execução de uma luta.

ATE *[ate]* – bater, socar, atingir. Golpe com a mão.

ATEMI *[atêmí]* – bater no corpo humano. 1-Atingir partes vulneráveis do corpo humano.

ATEMI-WAZA *[atêmí-uazá]* – técnicas para atingir o corpo humano. 1-Técnicas do "atemí". Proibidos nas competições do Judô.

ATE-NAYONE *[atê-naiônê]* – ataques irracionais com golpes, que poderão causar danos ao adversário, ou mesmo sem definição, conforme os estatutos de competição.

ATERU *[atêrú]* – atingir, golpear, acertar, etc.

ATO-SHIBARAKU *[atô-xibaracú]* – faltam trinta segundos para terminar a luta, o tempo de luta. Conforme regras de competição do Karatê-Dô.

AU *[aú]* – encontra-se cara a cara com o inimigo, oponente.

AWASE *[auasê]* – treinar com outras pessoas atacando e, ou defendendo, "colando", "aproximando".

AWASE-SHUTO-AGE-UKE *[auasê-xutô-aguê-uquê]* – movimento que o lutador executa com as duas mãos abertas em defesa para cima. Ex.: nos Kata; Chin-to, Hei-an (Pin-an) Go-dan, etc.

AWASETE *[auazêtê]* – agrupar, juntar, compor, etc.

AWASETE-IPPON *[auazêtê-ipom]* – "isto compõe um ponto". Diz-se da soma de dois meios pontos (wazari). Conforme regras de competição do Judô e do Karatê, o competidor torna-se vencedor quando lhe outorgado um ponto (Ippon), dois ou três, dependendo da modalidade.

AWASE-ZUKI *[auasê-tsuquí]* – normalmente, é a aplicação de dois socos simultâneos, similar ao "morote-zuki".

AYUMI-ASHI *[aiumí-axí]* – 1-Marchar, caminhar, andar. 2-É a marcha acelerada que os budokas fazem nos campos nevados do Japão. 3-Indica também o ato agressivo de um lutador, que não dá tréguas ao seu contendor. 4-Andar com as pontas dos pés para fora. No que diz respeito ao Kendô (Ken-Jitsu), significa mover seu pé esquerdo e o pé direito alternadamente, como o seu andar normal. Este Ashi-sabaki é usado quando você quer se mover rápido em uma longa distância.

AYUMI-IPPON-KEN *[aiúbí-ipôn-quên]* – golpe desferido com a articulação do dedo polegar dobrado, juntamente com a mão fechada.

B

BAFUKU *[bafucú]* – um dos três regimes considerados por muitos budokas e historiadores, como os mais importantes no contexto marcial. Sendo os outros dois: Bushidô e Budô.

BA JUTSU *[ba-djútsú]* – espécie de Arte Marcial que se utiliza o cavalo, ou seja, habilidade na cavalaria, inclusive, utilizada muito não só pelos samurais, mas também pelos ninjas.

BANZAI *[banzaí]* – alegria, alegria..., viva. Expressão usada pelos súditos nipônicos, fazendo alusão ao seu imperador "viva o imperador".

BARAI *[baraí]* – varrer, rasteirar.

BASSAI *[bassaí]* – 1-Nome de Kata do Karatê-Dô, da região do Shuri (Shuri-te) da ilha de Okinawa praticado pela maioria dos estilos, como: Wado-Ryu, Shotokan-Ryu, Shorin-Ryu, etc. 2- Esse Kata, possui outras variações e denominações diferentes por se tratar de uma forma antiga e influenciada por

bassai-daí   bokuto

muitos mestres da época, como: Matsumura no Passai; Tomari no Passai; Passai-Daí; Passai-Sho; Itosu no Passai; Bassai-Daí; Bassai-Sho, etc.. 3-O seu significado quer dizer: atravessar a fortaleza, destruir a muralha, entrar em uma fortaleza.

BASSAI-DAÍ [*bassái-daí*] – atravessar a grande fortaleza. Ver Bassai, Passai.

BASSAI-SHO [*bassái-xô*] – atravessar a pequena fortaleza. Ver Bassai.

BIAKU [*biacú*] – antigo Kata praticado pela escola Goju-Ryu, em particular na ilha e Okinawa.

BO [*bô*] – bastão longo, maior que o "jo".

BO-JITSU [*bô-djitsú*] – arte do bastão, ou técnicas de bastão. Antigo estilo de Ju-Jitsu, onde os lutadores utilizavam o bastão médio, inclusive a bengala para seus treinos e combate real, e que deu origem à técnica da espada "ken-jutsu". Essa arte ainda é muito usada na China, Coréia e no próprio Japão. Arte também utilizada pelos ninjas.

BOKKEN [*bôkên*] – antiga espada de madeira usada por alguns estilos de Jiu-Jitsu para o treinamento, aproximando da luta real. O grande samurai Miyamoto Musashi, usava costumeiramente a espada de madeira para derrotar seus adversários e a espada de aço "katana" para o "golpe de misericórdia" conforme narra a história. Normalmente, o Bokken (ou Bokuto) possui o peso exame de uma espada real. É muito usada nos treinamentos do Aikidô e alguma escola de Kendô.

BOKUTO [*bôcutô*] – espada de madeira maciça. O mesmo que Bokken.

BONENKAI [bônêcaí] – diz-se das festividades de uma escola, onde reúnem-se lutadores e familiares para a celebração, confraternização e encerramento das atividades de fim de ano.

BONKAI [boncái] – uma das ramificações da arte Ikebana. 1-Arranjos florais japoneses, onde se usam galhos secos e flores.

BONSAI [bonsái] – antiquíssima arte japonesa, cujos segredos são passados de pai para filho. Consiste em semear, em pequenos vasos, grandes árvores da flora japonesa, envolvendo seus brotos com arame e ataduras de forma a impedi-las de crescer. As árvores terminam por ficarem anãs, embora conservem a aparência e a proporção das árvores de tamanho normal. É uma arte fantástica, pois exige cuidado de várias gerações, devido ao longo tempo necessário para o completo desenvolvimento das árvores anãs (às vezes chegam mais de 60 anos). Dizem que existem árvores Bonsai que chegam a dar diminutos frutos! Essa prática já atingiu milhares de pessoas em nosso planeta.

Bonsai

BONSEKI [bonsêquí] – uma das ramificações da arte da Ikebana em que fazem arranjos de pedra sobre um fundo escuro.

BO RYAKU [bô-riacú] – estudo de estratégia. Modalidade muito utilizada pela casta ninja.

BU [bú] – termo que quer dizer: guerra, luta, batalha, combate, corajoso, etc.

Bu

BUDA *[buda]* – 1. "O iluminado" (da mesma forma que Cristo significa "O ungido"). 2. *Shidharta Goutama*. 3. *Sakkiamuni*. Divindade máxima do budismo. Nascido no século VI a. C. (provavelmente em 556 a. C.), em *Kapilavastu* no sopé do *Himalaia*, em território do atual *Nepal*. Filho do rei *Suddhodana*, que governava o reino dos *Sakyas*, sua mãe era a rainha *Maya*, logo após seu falecimento, foi substituída por sua irmã *Mahapradjapati*. A maior estátua de Buda "daí-butsu", feita de bronze no século XIII, se encontra no Japão, na localidade de Kamakura, pesando cerca de 13 toneladas. Em 1956, foi comemorado os 2500º aniversário de Buda (23/05/56). O mesmo que *Budha* (sânscrito).

Buda

BUDHA – *(sânscrito) [buda]* – Ver Buda.

BUDISMO *[budismo]* – religião fundada por *Shidharta Goutama "Sakkiamuni"* - O Buda, em 521 a C., quando recebe a iluminação divina. Profere o seu primeiro sermão, em Benares, para cinco discípulos, onde prega a filosofia do "Caminho do Meio". Os fundamentos dessa religião estão calcadas nas "Quatro Virtudes".

Monges budistas

BUDO *[budô]* – caminho do guerreiro, caminho da guerra, conduta moral. Esse significado é muito mais profundo do que se imagina, levando-se em conta a cultura e a maneira de pensar do povo japonês. Ver Bushidô.

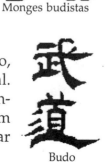

Budo

budo-gi **bunkai-no-kata**

BUDO-GI *[budô-gí]* – uniforme para os treinos do Budo – Artes Marciais japonesas.

BUDOKA *[budôcá]* – praticante de Artes Marciais Japonesas.

BUDOKAI *[budôcái]* – o mesmo que Budokan.

BUDOKAN *[bôdocân]* – associação do caminho do guerreiro. Local destinado à prática das Artes Marciais. Foi fundado pelo grande mestre Jigoro Kano. Hoje, é a sede mundial do Judô, sendo portanto o primeiro recinto a sediar o primeiro Campeonato Olímpico de Judô. Um dos maiores complexos de Artes Marciais já construído no mundo, seus aposentos têm a capacidade para receber 15.000 espectadores.

BUDO-KYOIKU *[budô quiôicú]* – é a educação das pessoas através das regras e conduta do Budô.

BUDO-KYOSHI *[budô quiôxí]* – instrutor de Artes Marciais.

BU-GEI *[bugêi]* – prática guerreira onde todos os recursos eram admitidos.

BUJIN *[budjín]* – soldado, guerreiro, cavaleiro, etc. 1-O guerreiro japonês a pé. 2-O soldado de infantaria.

BUJUTSU TANKEN *[bujútsú taren]* – o treinamento e aperfeiçoamento das artes de guerra.

BUKI *[buquí]* – armas.

BUNE-KAI *[bunê-cái]* – festividade de final de ano, onde reúnem-se budokas para confraternização.

BUNKAI-NO-KATA *[buncái-nô-catá]* – estudo e aplicação dos Kata do Budô. É a parte mais profunda do estudo do Kata no Karatê, levando-se em conta

39

que, não existe Karatê sem Kata e vice-versa. Nesses treinamentos, o lutador viabiliza os movimentos de precisão, onde são utilizadas mãos livres e armas para a defesa pessoal. Podendo se estender a outras técnicas, inclusive em outras modalidades.

BU NO KAMIZA NI REI *[bú nô camisa ni réi]* – termo usado por algumas escolas "dojo" tradicionais de Artes Marciais japonesas, onde faz alusão à divindade da guerra (deus da guerra - "fudo-miyo"), pedindo proteção para as lutas, ou mesmo, para começar os treinos no Dojo.

BURAI *[burái]* – expulsar.

BURAKU *[buracú]* – organizações de pequenos lugarejos no período feudal japonês.

Bushi

BUSHI *[buxí]* – guerreiro, lutador, combatente. Também guerreiro a cavalo. Título outorgado aos samurais.

BUSHI-DO *[buxi-dô]* – 1-Código de ética e de honra dos samurais. 2-O caminho do Guerreiro. Diz-se que essa forma de procedimento, foi codificada e sistematizada pelo lendário samurai Miyamoto Musashi que viveu nos anos 1584 a 1645. Esses preceitos já existiam dentro da conduta guerreira, e foi exaltada desde a era Kamakura (1185 – 1391) até 1867 com a era Tokugawa. Essas virtudes, saem da maneira e procedimentos de combate para a conduta de vida, como: defender os idosos, as crianças, as mulheres, etc.

Bushidô

BUTOKU-DEN *[butôku-dên]* – Casa das Virtudes da Guerra. A graduação da época, era o **Kaiden**, que era subdividido no seguinte: *Shogo* (praticante comum); *Tashi* (praticante mais adiantado. Mais ou menos correspondendo ao 2º Dan hoje); *Renshi* (praticante com um conhecimento avançado, podendo ser auxiliar do Instrutor. Corresponde mais ou menos ao 3º e 5º Dan); *Kyoshi* (esse era o grau de Instrutor, ou seja, grau pleno de instrutor. Podendo ensinar sem ter que ser amparado por um outro mestre. No entanto, nos grandes Dojo, esse grau é subordinado ao do Hanshi. Corresponde mais ou menos, ao 5º e 7º Dan) e *Hanshi* (título mais alto de instrutor. Grão-mestre ou mestre geral. Corresponde ao 8º e 10º Dan). Esse tipo de graduação ainda existe, e tem mais valor que o Dan: a Butoku-Den, antigo órgão japonês, que agregava todas as Artes Marciais tradicionais do Japão. Anteriormente criada em 495 pelo Imperador Kan'nun e que tinha o intuito de agregar jovens das famílias nobres do império, na formação de um corpo permanente do exército imperial, com a prática não só das atividades bélicas, mas também das Artes Marciais, hoje, passou a se chamar Butoku-Kai.

BUTOKU-KAI *[butôcu-cai]* – o mesmo que Butoku-Den.

BUTSUKARI *[butsucári]* – treinamento de técnicas seqüenciadas em movimentação nas Artes Marciais. É muito usada no Judô.

C

CHABANA *[txabáná]* – ramificação da arte Ikebana, especialmente voltada à cerimônia do chá.

CHA-DO *[txá-dô]* – cerimônia do chá. Prática espiritualizada calcada no Zen-budismo, objetivando o conhecimento interior. É praticado em diversos estilos de Artes Marciais japonesas.

CHAIRO *[txairô]* – cor marrom.

CHAKUGAN *[txacugan]* – olhar firme, reto, concentrado e penetrante.

CHANOYU *[txanôiú]* – o mesmo que "cha-do".

CHATAN YARA *[xatan iara]* – grande mestre nascido em 1668 e falecido em 1756. Oriundo da aldeia de Chatan que serviu no castelo de Shuri, o seu nome original é Yara Pechin. Foi também chamado de Uekata o grau mais alto de samurai no "King dome" anterior ao Ryu Kyu. Diziam que esse guerreiro foi até a China estudar Artes Marciais durante 20 anos. Tornou-se perito em Sai, Tonfa e Bo. O estilo dos seus Kata teve grande influência para o Ryu Kyu Kobu-Jutsu. As técnicas de Sai eram usadas pelos Chikusai – os antigos policiais de Ryu Kyuan. Dizem também que Ufuchiku, ou Ryukyuan, o principal dos antigos policiais, sempre levou consigo o Sai (garrote de ferro) com a finalidade de dirigir os seus policiais, quando fazia segurança das personalidades VIP da época, controlando a multidão e assim sucessivamente. O guerreiro Pechin que classificado na Okinawa feudal fazia apreensões, levava prisioneiros sob custódia, assegurando o desenrolar dos processos nos tribunais.

CHATAYARA KU-SHANKU *[txataiará cu-xancú]* – nome de um antigo Kata. Seu nome foi outorgado em reconhecimento e respeito ao seu criador "Ku-Shan-Ku". (Chatan Yara, era um antigo mestre chinês, contemporâneo de Ku-Shan-ku).

CHIBURI *[txiburí]* – movimento com a espada "katana", para limpar o sangue do inimigo cortado.

CHIISAI *[txiísáí]* – pequeno.

CHIKAI *[txicáí]* – cara-a-cara, bem perto, à curta distância.

CHIKA-MA *[txicá-má]* – o mesmo que "chiikai".

CHIKAMA UNDO *[txicamá undô]* – exercício de treinamento da distância entre os lutadores bem próximos.

CHIKARA *[txicará]* – emprego da força.

CHIKARA-KURABE *[txicará-curabê]* – competição em que se medem forças.

CHIKARA O DASU *[txicará ô dasú]* – energia que sai do corpo ao se esticar os membros.

CHIKARA O IRERU *[txicará ô irêrú]* – força muscular, quando da contração dos músculos.

CHIN GENPIN *[txín gêmpin]* – nome do grande mestre chinês (Chin Yuan Pin) que viveu no Japão entre os anos 1587 a 1670, naturalizando-se japonês, e incorporou àquela terra o seu "Go-Ti" e o "Chin-Na". Segundo a história, foi a pedra fundamental para a evolução das Artes Marciais japonesas. Esses métodos de luta trazidos pelo referido mestre foram chamados pelo povo japonês de "Kakutei-Jitsu".

CHIN-TE *[txintê]* – nome de um Kata.

CHIN-TO *[txin-tô]* – nome de um antigo Kata da região de Tomari (Tomari-Te) da ilha de Okinawa. Praticado por várias escolas como: Shito-Ryu, Wado-Ryu, Shorin-Ryu. Alguns outros estilos como o Shotokan, o pratica sob outras denominações como: Gankaku (nomeado pelo mestre Gichin Funakoshi). O seu significado é: Ave sobre a rocha "Shi To Grou".

CHIN-TO NO KAMAE *[txin-tô nô camaê]* – estar em guarda do Chin-to Kata. É a postura em que o lutador adota a característica do Kata, em que, em uma só perna, e tomando a guarda "manji", assemelha-se à ave sobre uma rocha.

CHO-BO-TEI *[txô-bô-têi]* – nome de um Kata, originário do Shindo Yoshin-Ryu, e é praticado especialmente pelas escolas Wado-Ryu Tradicionais de Karatê-Dô, onde se pratica com um bastão "bo".

CHO HO *[txô-rrô]* – espécie de estudos e práticas ninjas de espionagem.

CHOJUN MIYAGI *[txôdjun miiagí]* – grande mestre criador do estilo Goju-Ryu Karatê-Dô da região de

Chojun Miyagi

Chojun Miyagi
1888 - 1953

Naha (Naha-Te). Nasceu na ilha de Okinawa em 1888 e faleceu em 1953. Foi discípulo de Kanryo Higaonna (1853-1915), o fundador do estilo de Naha-te, quando ainda tinha 14 anos. Ele suportou práticas ascéticas severas e em 1915 foi à Província de Fujian na China aperfeiçoar as suas habilidades nas Artes Marciais. Ele também empreendeu muito nas pesquisas em notáveis guerreiros chineses. Como resultado, ele pôde assumir e organizar as técnicas de Karatê Okinawa-Te e os princípios das Artes Marciais que ele já havia aprendido. Ele consolidou o moderno Karatê-Dô, enquanto incorporando elementos efetivos do atletismo às Artes Marciais, além dos princípios da razão e ciência. O discípulo mais importante de Chojun Miyagi, foi Jinan Shinzato, que efetuou uma demonstração no torneio de todas as Artes Marciais do Japão. Em 1929 esteve no Santuário Meiji Jingu parabenizando a ascensão do Imperador. Depois foi- lhe perguntado que escola de Karatê pertencia ele. Quando ele voltou para casa, contou para mestre Miyagi sobre isto, e Miyagi decidiu escolher o nome Goju-Ryu (o estilo duro-macio), inspirado nos Oito Preceitos de Kenpo, escrito no Bubishi, e significando "o modo que abraça ambos inalando dura e macia na exalação". A característica principal do Goju-Ryu é o "método de respiração", quando se inspira e expira, é como se estivesse puxando para si algo pesado. Ao expirar é emitido um som que vem do interior do corpo "tan-den". O lutador (energiza e desenergiza) utilizando o Yin e o Yang. Os Katas Goju-Ryu são divididos em Sanchin (básico), Haishu-Kata (formas com mãos abertas) e Heishu-Kata (formas com mãos fechadas). Os Katas tradicionais passados por Kanryo Higaonna incluem: Sanchin, Saifa, Seienchin, Shisochin, Sanseiryu, Seipai, Kururunfa, Seisan, e Suparinpei (ou Pecchurin). A esses Katas tradicionais Goju-Ryu incorporou-se Kokumin Fukyo-Kata, uma série de Katas criados por Miyagi, popularidade nacionalmente como Gekkisai Ichi, Gekkisai Ni e Tensho, esse último completando o quadro de Katas.

CHOKU [txôcú] – horizontal. Uma das quatro virtudes do Kendô (Ken-Jutsu).

CHOKU MOTOBU [txôcú môtôbú] – nome de um antigo mestre, que sistematizou o seu Okinawa-Te, vindo a ser o idealizador do sistema que mais tarde passou a chamar "Shito-Ryu", tendo como patrono o grande mestre Kenwa Mabuni. O referido mestre nasceu na ilha de Okinawa em 1871 e faleceu em 1944.

Choku ou Choki Motobu
1871 - 1944

CHOKU-TSUKI [txôcú-zuki] – soco reto paralelo ao corpo. Também se diz a facada em linha reta no estômago do oponente, nos treinos do Goshin-Jitsu.

CHOSHI [txôxí] – disposição, harmonia, ritmo. Também pode ser: "sorteio do vencedor, devido a terem obtido igualdade de pontos".

CHOSHIN CHIBANA *[Txôshin Txibana]* – grande mestre criador do estilo Shorin-Ryu de Karatê-Dô de Okinawa. Nasceu na ilha de Okinawa em 1885 e faleceu em 1969.

CHU *[txú]* – decisão, sentença, exposição, frase, etc.

Choshin Chibana
1885 - 1969

CHUDAN *[txudân]* – parte média do corpo humano. Considera-se "chudan", a região que vai do ombro até a faixa (região do umbigo).

CHUDAN NO KAMAE *[txudân nô câmaê]* – guarda média, na altura do tronco. 1-Posição de atenção no Kendô, onde a ponta do "shinai" deve estar apontada para a faixa do oponente (ou um pouco mais acima). 2-Posição média da espada.

CHUDAN-SOTO-UKE *[txudân-sôtô-uquê]* – defesa com o antebraço de fora para dentro, na altura média, ou seja, do tronco.

CHUDAN-TSUKI *[txudân-tzukí]* – soco desferido na altura média, ou seja, do tronco.

Chudan-Soto-Uke

CHUDAN UKE *[txudân uquê]* – defesa média.

CHUDEN *[txudên]* – as Artes Marciais intermediárias em uma escola de Budô, não secretas.

CHUGA-ERI *[txuga-êrí]* – efetuar uma cambalhota para frente. Praticado como educativo aos rolamentos do Judô e outras correlatas.

CHUI *[txuí]* – advertência, repreensão. Termo usado nas regras de competição de muitas Artes Marciais japonesas. Poderá também ser acompanhada de benefício ao oponente, conforme a regra.

CHUIKOKU *[txuícôcú]* – advertência. Termo usado nas regras competitivas de arbitragem, especialmente das Artes Marciais.

CHUKO *[txucô]* – instrumento que faz parte do equipamento ninja. Normalmente era utilizado para escalar grandes elevações, como: muros, árvores etc. Também tinha sua utilidade como arma.

Chuko

CHUKON-BU *[txucombú]* – região em que se segura o "nunchaku", que vai da parte central ao cabo.

CHUSHIN *[txuxín]* – o centro.

CHUSOKU *[txúsôcú]* – bola do pé, ou seja, a parte calosa frontal sob o pé.

D

DACHI [*datxí*] – base, estrutura. Também diz-se da colocação, posição.

DACHI-WAZA [*datxí-uazá*] – conjunto das posturas de base, como por exemplo: Shiko-Dachi.

DADAIIRO [*dadairô*] – cor laranja.

DADAIIRO-OBI [*dadairô-ôbí*] – faixa laranja.

DAÍ [*daí*] – grande, maior, espaçoso, etc.

DAÍ-BUTSU [*daí-bútsú*] – estátua de Buda em Kamakura, no Japão. Pesa cerca de 13 toneladas.

DAÍ-DOSHU [*daí-doxú*] – grande personalidade. Normalmente a pessoa que se destaca ou se destacou por algum feito importante. Nas Artes Marciais costumeiramente atribui-se esse título aos mestres fundadores das escolas, ou mesmo os grandes orientadores.

DAÍ JODAN NO KAMAE [*daí djôdan nô camaê*] – guarda em que o executor eleva a espada acima da cabeça, guarda essa utilizada também pelos Ninjas.

51

DAÍ-MYO *[daí-miô]* – nome atribuído aos comandantes militares, ditadores do Japão feudal. Também, nome designado ao chefe militar, subordinado ao Shogun.

Castelo da era feudal japonesa, onde se abrigava os Daí-Myos e Shoguns.

DAÍ-SANCHIN ICHI *[daí-santxín itxí]* – primeiro grande "sanchin". Nome de um Kata. É um Kata de linhagem do Naha-Te (Norte de Okinawa).

DAÍ-SANCHIN NI *[daí-santxín ní]* – segundo grande "sanchin". Nome de um Kata. É um Kata de linhagem do Naha-Te (Norte de Okinawa).

DAI-SENSEI *[daí-sênseí]* – grande professor. Geralmente é outorgado esse título, àqueles professores que realmente têm um papel superimportante no meio marcial. Poderá também usar a expressão "shihan", normalmente àqueles que atingiram o 10° Dan de Faixa Preta.

DAÍ-SESAN *[daí-sêsân]* – grande "sesan". Nome de um Kata. É um Kata de linhagem do Naha-Te (Norte de Okinawa).

DAÍ-SHO *[daí-xô]* – par de sabres usados pelos samurais.

DAÍ TACHI *[daí-tatxí]* – espécie de espada utilizada pelos ninjas, que remonta 500 anos. É também chamada de No-Dachi.

DAÍ-TO *[daí-tô]* – é a espada maior que os samurais usavam para o combate. Nesse caso, nas lutas em campo aberto.

DAKI *[daquí]* – abraçar, envolver.

DAKITE *[daquitê]* – mãos em gancho.

DAN *[dan]* – graduação superior. 1-Normalmente utilizada pelos faixas pretas das Artes Marciais japonesas "yudansha-kai", utilizando os títulos: Sho-Dan, Ni-Dan, etc. Ver histórico.

DANGAI *[dângaí]* – aluno. Termo designado a todos aqueles com graduação abaixo de Sho-Dan de Faixa Preta.

DAN-KYU *[dân-quiô]* – é o nome do atual sistema de graduação (Kyu e Dan).

DAN-RYUKU *[dân-riôcú]* – elasticidade, força de tensão.

DANTAI *[dântáí]* – reunião, grupo, membro.

DARUMA TAISHI *[darumá taitxí]* – nome dado pelos japoneses ao monge indiano *Bodhidharma*. Quer dizer: Deus budista, etc.

DASHI *[daxí]* – sacar, tirar, etc.

DATATSU *[datátsú]* – golpe desferido com o lado da lâmina de uma espada, normalmente no Ken-jutsu.

DE *[dê]* – avançar, ir à frente.

DEAI *[dêaí]* – chocar, tocar antecipando. O momento do encontro, de contato entre "nage" e "uke" durante uma técnica "waza".

DEAI-GERI *[dêaí-gêrí]* – chocar com o pé, bater com chute, antecipar chutando.

DEAI-GYAKU-TSUKI [dêái-giacú-zuki] – chocar com soco, bater com soco, antecipar socando.

DE-ASHIBARAI [dê-aibaraí] – rasteira, varrer. O mesmo que "ashibarai".

De-Ashibarai "Ukure-Ashibarai"

DEBANA-WAZA [dêbana-uazá] – diz-se do ataque imediato no Kendô "ken-jitsu".

DEGASHIRA WAZA [dêgaxirá uazá] – conjunto de técnicas, onde o lutador de Kendô, golpeia com a espada (shinai ou boken), no momento em que o adversário tenta atacar, golpeando-lhe o "men" (cabeça); o "kote" (pulso) ou "do" (tronco).

DEMURA, FUMIO [dêmurá femiô] – destacado karateca japonês.

DESHI [dêxí] – aprendiz, aluno, discípulo, etc.

DO [dô] – caminho, via, regra de conduta, etc. Não como a trilha física, mas como um modo de vida e elevação espiritual. O DO, foi acrescentado às Artes Marciais, em virtude das mudanças sociais e políticas do Japão, onde as Artes Marciais eram designadas com a partícula "jutsu" – técnicas guerreiras, estilos de

DO – Caminho, vereda espiritual.

combates, etc. Ver Jutsu ou Jitsu. Também é o nome empregado para designar o protetor de peito no Kendô, feito de bambu e/ou couro.

DOGI *[dôgí]* – vestimenta de treinamento. Erradamente chamada de kimono.

DOGU *[dôgú]* – equipamento completo para o Kendô, composto de: Men, Do, Kote e Tare.

DOHYO *[dórriô]* – local reservado aos combates do Sumô.

DOJI *[dôdjí]* – ataque com o antebraço para baixo.

DO-JIME *[dô-djimê]* – estrangulamento feito com as pernas (tesoura). Esse golpe é proibido nos treinos do Judô.

DOJO *[dôdjô]* – 1. É o local considerado "sagrado pelo povo japonês, principalmente pela cultura e religiosidade. Para os praticantes de Artes Marciais japonesas é o local onde se busca a iluminação, o carinho, o aprendizado não só das técnicas, mas também da filosofia, história, ética e sobretudo a disci-

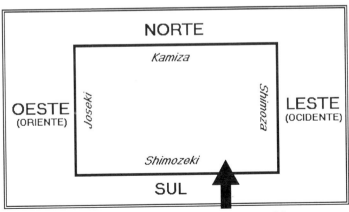

Orientação sobre como um dojo deve ser feito.

55

dojo kun / doshu

plina do Budô. Filosófica e exotericamente, o dojo se divide em quatro partes, a saber: **Joseki, Shimozeki, Kamiza** e **Shimoza**. O Joseki, é o local onde se situa o professor titular do dojo e seus convidados; Shimozeki, é considerada a parte inferior do dojo, ou seja, a entrada do mesmo; Kamiza, é a parte do dojo onde fica a divindade, espiritual – normalmente, encontra-se um pequeno templo ou a foto de um grande mestre; Shimoza, é o local onde ficam os alunos. O dojo deve exotericamente, situar-se da seguinte forma: entrada – sul para o norte (ver a gravura). 2. Também, local onde se pratica o "do".

DOJO KUN [dôjô-kún] – 1. Código de ética de uma escola. 2. São preceitos filosóficos adotados por um estilo ou escola, e que tem o objetivo de nortear o praticante. 3. Promessa ou compromisso que o budoka faz.

DORI [dôrí] – virar, tombar, torcer, derrubar.

DORYO [dôriô] – área designada para as lutas do Sumo.

DOSHU [dôxú] – o mestre, o líder, o chefe geral de um grande movimento. O mesmo que "Daí-Doshu".

E

EBI *[êbí]* – camarão, crustáceo.

EBI-GARAMI *[êbí-garamí]* – quebrar a perna do caranguejo. 1. Golpe de estrangulamento usado no Judô.

EBI-JIME *[êbí-djimê]* – esmagar a parte traseira do caranguejo. 1. Golpe de estrangulamento no Judô.

EIMEROKU *[êimêrocú]* – lista de alunos que treinam com determinado mestre.

EKI-KINKYU *[êquí-quinquiú]* – treinamento do corpo e do espírito. Nome que os japoneses dão ao método criado por "Bodhi-Dharma" para o ensino do "Kung Fu" no templo Shaolin.

ENBU *[embú]* – traçado imaginário, trajetória. Dizse também da simulação de combate real, teatro.

ENBU-SEN *[embú-sêm]* – traçado imaginário dos Katas, ou de qualquer seqüência de movimentos predeterminados nas Artes Marciais.

Enbu-sen

57

ENCHOSEN *[entxôsen]* – prorrogação. Termo usado nos regulamentos competitivos das Artes Marciais japonesas.

ENNIN *[ên'nin]* – nome do monge budista que foi à China, por volta do ano 847 d. C., à procura de maiores conhecimentos teológicos para sua doutrina. Retornando ao Japão, instalou-se no monte Hiei, passando também a ensinar uma espécie de Arte Marcial, aprendida quando de sua estada no mosteiro Shaolin, na China.

ENPI *[empí]* – cotovelo. Também é o nome de um Kata praticado pela escola "Shotokan-Ryu", similar ao "Wan-shu Kata", sendo este último o nome original. Quer dizer Vôo da andorinha. Ver Wan-Shu.

ENPI GO-DAN *[êmpi gôdân]* – nome de um pequeno Kata praticado esporadicamente pela escola "Goju-Ryu Karatê-Dô", com uma série de cinco movimentos.

ENPI-UCHI *[ênpí-utxí]* – golpe desferido com a ponta do cotovelo.

ENSHOSEN *[ênxôsem]* – prorrogação. Utilizado nas competições de Artes Marciais.

ERI *[êrí]* – manga. 1. Manga do uniforme do Budô. 2. Gola. 3. Colarinho.

ERI-GARAMI *[êrí-garamí]* – envolvimento pela manga.

ERI-JIME *[êrí-djimê]* – estrangulamento pela manga.

ERIMEROKU *[êrimêrôcú]* – lista de pessoas que treinam com determinado mestre.

ERI-SEOI-NAGE *[êri-sêôi-nagê]* – projetar por cima do ombro, preso à manga.

F

FU-ANTEI *[fú-ântéi]* – está desequilibrado. 1-Em perigo de cair, escorregar. 2-Não se achar equilibrado.

FUDO-DACHI *[fudô-datxí]* – nome de uma base utilizada nas Artes Marciais. É uma postura, onde os pés ficam em abertura de três pés em diagonal, com os dedos dos mesmos para frente.

FUDO-MYO *[fudô-miô]* – considerado o Deus da guerra para o povo japonês.

FUDO-SHIN *[fudô-xín]* – é o estado de espírito que permanece calmo diante do inimigo. A mente inabalável.

FUDO-TAI *[fudô-táí]* – corpo inabalável; também espírito forte, imbatível.

Entidade venerada e respeitada ao cultivo do Budô

FUJI *[fudjí]* – eterno. Nome de um famoso monte japonês, com 3.776 metros de altura. 1-Fuji Yama: "Monte Eterno". 2-Emblema do país.

O monte Fuji, é considerado o cartão postal do Japão. É um local bastante freqüentado por diversas pessoas, não só para escalar, mas também para meditação, auto-avaliação, etc.

FUKU *[fucú]* – auxiliar, ajudante.

FUKU-KOSO *[fucú-côsô]* – o plexo solar. 1- O externo. 2- Golpe ou pancada desferida nessa região.

FUKU-SHIN *[fucu-xín]* – árbitro auxiliar. Nome dado aos árbitros auxiliares nas competições das Artes Marciais japonesas.

FUKU-SHIN-KUMITÊ *[fucú-xín-cumitê]* – reunião dos árbitros (juízes) em uma competição de luta "shiai-kumite"; "jiyu-ippon-kumite"; "jiyu-kumite"; etc.

FUKU-SHIN-SHUGO *[fucú-xín-xugô]* – chamado feito pelo árbitro central ao árbitro auxiliar, para confabular. 1- Convocação aos árbitros de uma competição para reunião.

FUKU-SHUN-DOIN *[fucú-xín-dôín]* – professor assistente do mestre. Norma prescrita pela *International Martial Arts Federation* – Federação Internacional de Artes Marciais, com sede em Tokyo, Japão, onde diz que: Shogo, assiste ao Renshi; Renshi, assiste ao Kyoshi; Kyoshi, assiste ao Hanshi "Hanshi-Shihan". Ver Menkyo.

FUKYU-KATA [*fukiú-catá*] – nome de um antigo Kata, praticado por algumas escolas de Okinawa, inclusive a Uechi-Ryu. É também o antigo nome dado por Chojun Miyagi aos Katas Gekkisai Ichi e Ni criados por ele.

FUMI [*fumí*] – golpear com os pés. 1-Pisar; Por exemplo: "Mae-fumi-komi" – Chutar penetrando para frente: "Yoko-fumi-komi" – Chutar penetrando para o lado: "Ushiro-fumi-komi" – Chutar penetrando para trás: "Uchi-fumi-komi" – Chutar penetrando para dentro: "Soto-fumi-komi" – Chutar penetrando para fora. 2- Chutar. Também se diz: entrar, enrolar, caminhar para frente.

FUMIKOMI [*fumicômí*] – pisar, esmagar, pisão. Ato de pisar.

FUMI-WAZA [*fumí-uazá*] – conjunto de todas as técnicas de pisar, pisotear e aplicar chutes.

Fumikomi

FUMU [*fumú*] – o mesmo que Fumi.

FUNAKOSHI, GICHIN [*funakôxí, gixín*] – Ver Gichin Funakoshi.

FURI-AGE [*furí-agê*] – levantar o braço com o bastão (para bater). Técnica aplicada no Goshin-Jitsu, Aiki-Jitsu, etc.

FURI-OTOSHI [*furí-ôtôxí*] – bater com o bastão.

FURI-UCHI [*furí-utxí*] – golpe aplicado na diagonal com a "faca da mão" ou com a espada.

FURO [*furô*] – o famoso banho japonês, que é tomado imergindo o corpo, até que a cabeça fique de fora, numa banheira imensa, cheia de água muito quente.

furu   **futatsu**

FURU *[furú]* – brandir para cima e para baixo a espada.

FURU-TAMA *[furú-tamá]* – é o exercício de "pegar" a energia com as mãos e vibrar em frente do "hara".

FUSEGI *[fusêgí]* – oscilar; também, defender-se.

FUSEGI-WAZA *[fusêgí-uazá]* – conjunto formado por todos os golpes de defesa.

FUSEN-SHO *[fusên-xô]* – vencer uma luta, sem lutar, conforme regras de competição. Por exemplo: pela desistência ou não comparecimento de um competidor para a luta.

FUTARI *[futárí]* – encontro de dois adversários em uma luta.

FUTATSU *[futátsú]* – duas coisas; duas possibilidades.

G

GAESHI *[gaêxí]* – contra técnica. Contra-ataque. Virar na direção oposta. Também se lê Kaeshi.

GAESHI-WAZA *[gaêxí-uazá]* – conjunto de todas as contratécnicas e contra-ataques.

GAKE *[gaquê]* – enganchar, dependurar, etc.

GAKKO *[gakô]* – escola. Local de estudos.

GAKUSEI *[gacuséí]* – estudante.

GAKUSEI-KENDO-REN'MEI *[gacuéi-quêndô-ren'mêí]* – todas as associações estudantis japonesas de Kendô.

GAKUSHU *[gacuxú]* – encontro, reunião, festival, etc. Termo usado nas Artes Marciais, para designar um evento técnico marcial ou festivo. O mesmo que Gashuku (termo mais usado).

GAMMEN-TSUKI *[gamen-tsuquí]* – soco direto com o punho fechado no rosto. Técnica desenvolvida no Karatê, Aiki-Jitsu, Goshin-Jitsu etc.

GANKAKU [*gancacú*] – nome de um Kata. Esse Kata faz parte do quadro de Katas do Shotokan-Ryu. Quer dizer: Grou sobre a rocha ou A garça pousada na pedra. O seu antigo nome é: Chin-to. Ver Chin-to.

GARAMI [*garamí*] – envolver. Também enfaixar, deter, imobilizar.

GARI [*garí*] – ceifar, varrer. Técnica de perna, onde o lutador desliza-a em forma de meia-lua, similar a uma foice, uma segadeira de lâmina arqueada. Exemplo: O-soto-gari (grande ceifada por fora).

GASHUKU [*gaxucú*] – encontro, reunião, festival, etc. Termo usado nas Artes Marciais, para designar um evento técnico marcial ou festivo. O mesmo que Gakushu.

GATAME [*gatamê*] – deter, imobilizar. Também se lê Katame.

GEDAN, GUEDAN [*guêdan*] – parte baixa do corpo humano.

GEDAN-BARAI [*gêdan-barai*] – Varrer a parte baixa. Espécie de defesa, utilizando o antebraço de forma semicircular, desviando o golpe da parte baixa do corpo humano.

Gedan-barai

GEDAN GARAMI [*gêdân garamí*] – Defesa baixa contra ataques, contra-atacando.

GEDAN-NO-KAMAE [*guêdan nô camaê*] – posição do "Shinai" abaixo da faixa, com a ponta virada para o chão. Posição inferior da espada. Também diz-se da guarda média.

GEIKO [*gêicô*] – formas de treinamentos, exercícios, etc. (Kan-geiko – Treinamento tradicional de inverno, na Kodokan em Tóquio; Natsu-geiko – Treinamento também tradicional de verão, na Kodokan).

GEISHA *[gêíxá]* – moça, formada em canto e em artes (música Schamisen), que contribui para a distração dos homens nas casas de chá. Mulher de aluguel. Empregada para serviços pessoal, ama, etc.

Geisha

GEKKEN *[gêquên]* – lutar. A arte de lutar.

GEKKISAI *[gêkisaí]* – nome de um grupo de Kata. Quer dizer - Ataca e esmaga. Executado pelas escolas originárias do Naha-Te, como por exemplo: Goju-Ryu, Uechi-Ryu, etc. Esse Kata pode ser traduzido como "ataque e esmaga, destrói, etc.". O Kata Gekki Sai, é dividido em Daí-Ichi e Daí-Ni. Foram formulados por Miyagi Sensei como exercício físico para os estudantes de escola secundária. A formulação deste dois Katas provocou popularidade ao estilo de Goju-Ryu entre o povo de Okinawa. Miyagi Sensei começou com o Gekki Sai Daí Ichi pedagógico e Gekki Sai Dai Ni como uma parte do regime dele de treinamento depois da Segunda Grande Guerra Mundial, em seu próprio dojo. É interessante entender que Miyagi Sensei criou estes dois Katas com o conhecimento de todos os outros Kaishu Kata, como: Saifa, Shisochin, etc. Portanto, há muito conhecimento e bunkai escondido (camuflado) dentro destes Katas.

GEKKISAI-DAÍ ICHI *[gêkisaí-daí-itxí]* – primeiro grande Gekkisai. Nome de um Kata executado pelas escolas originárias do Naha-Te, como por exemplo: Goju-Ryu, Uechi-Ryu, etc.   ·

GEKKISAI-DAÍ NI *[gêkisaí-daí-ní]* – segundo grande Gekkisai. Nome de um Kata executado pelas escolas originárias do Naha-Te, como por exemplo: Goju-Ryu, Uechi-Ryu, etc.

GENKAKU *[gêncácú]* – nome de um antigo Kata. Esse Kata é praticado pelas escolas tradicionais da região de Naha da ilha de Okinawa. O seu significado pode ser: mistério profundo, mistério negro, etc.

GENKI *[gêquí]* – vitalidade, saúde, força, etc.

GERI *[gêrí]* – chute. O mesmo que Keri.

GETA *[guêta]* – tamanco ou sandália de madeira. É um costume japonês o uso dessas sandálias para homens e mulheres. Os samurais as usavam com galhardia. Também se lê Zori.

GI *[gi]* – uniforme, vestimenta. Nome usado normalmente para a indumentária marcial. Por exemplo: Karatê-gi; Judô-gi, etc.

GICHIN FUNAKOSHI *[gitxin funacôxí]* – 1. Grande mestre criador do estilo Shotokan-Ryu Karatê-Dô. Considerado pai do Karatê Moderno. Levou o Okinawa-Te juntamente com uma equipe de mestres okinawanos para o Japão por volta de 1916/1917. Anos depois, foi criado o estilo "Shotokan-Ryu" por alguns de seus alunos e atribuído a ele a paternidade deste. Nasceu na região de Shuri, distrito de Yama-kawa-Cho da ilha de Okinawa em 1868 e faleceu em 1957. Foi criador do Shotokan-Ryu Karatê-Dô. Aos 15 anos de idade o jovem Funakoshi descobria o que iria se tornar paixão de sua vida. O seu professor na escola comum era filho de Azato Yasatsune – um dos maiores especialistas de Okinawa-Te e pertencentes a uma das famílias mais respeitadas da ilha. Nessa época em que a prática da Arte Marcial de Okinawa era proibida pelos japoneses, Funakoshi treinava em segredo, à noite, sem fazer alarde do que lhe ensinavam. Era obrigado repetir mês após mês o mesmo Kata, "a ponto de sentir exasperação e humilhação" – como escrevia em suas memórias – sob a expressa proibição de passar a um novo Kata, sem autorização do seu mestre. Esse ambiente rígido iria forjar seu corpo de natureza frágil, e fortalecer sua vontade, já obstinada. Os anos se sucederam e assim os treinos na casa de mestre Azato, invariavelmente, noite após noite, o jovem aluno percorria o mesmo caminho, levando diante de si pequena lanterna, nas trilhas sem lua. Mas era preciso também pensar no futuro, em 1888, Funakoshi passa no exame de auxiliar de mestre de escola primária. Para desespero de seus pais, submeteu-se ao corte de cabelos, mas continuou praticando sua Arte Marcial. Foi nessa época, que Funakoshi foi apresentado a Itosu Yasatsune, pelo então seu mestre Azato. Promovido em sua profissão, Funakoshi foi transferido para uma escola pública de Naha. Por volta do fim do século, e sem-

Gichin Funakoshi
(1868 - 1957)

pre fiel a seus primeiros mestres, aprimorou sua arte e ampliou seu cabedal técnico, trabalhando com Kiyuna (que era capaz de descascar um tronco de árvore com as mãos), Toona, Migaki e Matsumura. Na verdade, o essencial técnico já havia sido adquirido: formara-se, esta, do Shuri-Te (Shorin-Ryu) dos mestres Azato e Itosu, com os Kata Hei-An, Bassai, Kanku, Enpi, Gankaku (termos "ajaponesados" que o próprio Funakoshi dera às formas do "Dai Nippon Karatê-Dô" afim de não lembrar aos japoneses a origem chinesa desses Katas). Funakoshi também levara ao Japão, certos Katas trazidos do Naha-Te (Shorei-Ryu), como: Tekki, Jutte (Jitte), Hangetsu, Jion, e mais uma quinzena de formas antigas. Nos anos pré-guerra, foram criados os três Katas Taikyoku, através de pesquisas do seu filho Yoshitaka Funakoshi, assim como, o Ten No Kata. Quando surgiu, pela primeira vez, aos olhos do público japonês, em maio de 1922, em Tokyo, com sua habitual bondade quase como que, se desculpando por lá estar, na grande festa dos esportes organizada pela Butoku-Kai, Funakoshi era um homem que já passava dos 50 anos de idade, no entanto, não correspondia fisicamente em nada, ao mito do "budoka terrível" que o Japão procurava fazer para sobreviver, em uma época em que a nação atirava-se a uma frenética ocidentalização, iniciada em 1868 com a era Meiji. O Karatê (Okinawa-Te), surgia de maneira diferente das outras Artes Marciais conhecidas no Japão – como o Jiu-Jitsu e o Judô, também apresentados nesse dia. Educador nato e filho de psicólogo, Funakoshi soube como seduzir o povo japonês: não demonstrou apenas Katas e formas de base, foi além, entusiasmou os assistentes, colocando em eficácia em estreita relação com as técnicas cientificamente demonstradas – pela ação e pelas explicações claras e lógicas, numa linguagem que convinha ao Japão ouvir, ansioso por modernidade. A convite do mestre Jigoro Kano, que ficasse mais uma semana no Japão, não poderia supor que nunca mais reveria as areias de Okinawa, onde deixara três filhos e uma filha. Em maio de 1922, havia começado para Funakoshi, aos 50 anos de idade, uma nova vida sem que percebesse isso na ocasião. Um de seus primeiros alunos, em Meishojuku, um neto de Takumori Saigo – célebre herói samurai que havia se deixado matar a 50 anos atrás para defender um espírito nacionalista do velho Japão. Em novembro, publica seu primeiro livro "Ryu-Kyu Kenpo Karatê", primeira publicação sobre o assunto, na qual publicava o espírito de sua arte onde em 1923, com um grande terremoto, foram destruídas as placas de impressão, dando lugar à nova edição revisada "Reitan Goshin Karatê Jitsu", e em 1955 surgia a sua segunda obra, um verdadeiro manual técnico: "Karatê-Dô Kyohan". Sendo instalado na Kodo-Kan, a pedido do mestre Jigoro Kano, demonstrou o Kata Kanku-Daí (então chamado de Kushanku ou Kosokun) e seu amigo e aluno Makoto Gima (que havia estudado em Okinawa, também com Yabu Kentsu), demonstrou o Naihanchi Shodan. A partir de 1927, três alunos de Funakoshi, chamados Niki, Bo e Hidayama, passaram a estudar por si mesmos os combates livres (Jiyu Kumite). Quando Funakoshi soube dessa iniciativa e por ser fortemente contrário a essa forma de Karatê, decidiu não mais ensinar naquele Dojo. Mas o processo de erosão de uma tradição até então, salvaguardada estava em marcha. Entre os mais importantes mestres de Okinawa que o acompanhara ao Japão, foram: Muneiome Saoayama (Kenpo), Chojun Miyagi (Goju-Ryu) e Kenwa Mabuni (Shito-Ryu). Após oito anos de estudo com Funakoshi, Hironori Otsuka, um dos alunos preferidos de Funakoshi, que acompanhava firmemente seu mestre, por ocasião da maior parte de suas conferências, se separa do mestre para, logicamente com seu consentimento, criar o seu estilo próprio, o Wado-Ryu (forma de Karatê fundida com as técnicas de Jiu-Jitsu, do qual, já era mestre aos 30 anos de idade, o Shindo Yoshin-Ryu do mestre Tatsusaburo Nakayama.

No início da década de 30, Yoshitaka – o único dos filhos de Funakoshi a seguir suas pegadas, substitui o pai como instrutor na Universidade de Uaseda. Em 1986, o sonho do mestre Gichin Funakoshi estava se realizando, um grupo de alunos se encarregou de coletar fundos em escala nacional para a fundação do Dojo definitivo de Funakoshi. O nome que o comitê decidira dar a esse Dojo provinha do pseudônimo sobre o qual Funakoshi assinava outrora, os poemas chineses que lhes ocorria compor, "Shoto" (ondulação dos pinheiros ao vento) "Ykan" (edifício). Época essa, aos 67 anos de idade, supervisionava o ensino de Yoshitaka.

O "estilo Funakoshi", sempre fora "formar o homem mais que o guerreiro". O velho mestre tinha o costume de perguntar: *"Qual é a utilidade de um homem forte, sem filosofia?"*. A essência de sua abordagem a "Arte das mãos vazias" esteja talvez contida nessas duas sentenças: "Karatê Ni Sente Nashi" (não há técnica ofensiva no karatê) – perenemente gravado no monumento erigido em sua memória no templo

go   **Gogen Yamaguchi**

Zen en Gakuji de Kita Kamakura – e, "Gijutsu Yori Shinjutsu" (intuição antes da técnica; a intuição pressente o perigo e o combate). São todos os Katas executados por esse estilo de Karatê entre outros: Tekki (Sho, Ni e San-Dan), Hei-an (Sho, Ni, San, Yon e Godan), Jitte, Jiin, Taikyoku (Sho, Ni, San, Yon, Go e Roku-dan), Jion, Nijiushiho, Gojushiho (Sho/Daí), Unsu, Chinte, Wankan, Hangetsu, Gankaku, Bassai (Sho/Daí), Kanku (Sho/Daí), Enpi, Sochin, Meikyo (Sho, Ni- e San-Dan), etc. 2. Ver Shotokan-Ryu.

GO *[gô]* – 1. Cinco. Número cinco. 2. Também significa forte, duro, rijo, etc. 3. Força ou contra-ataque. 4. Jogo de origem chinesa.

GO NO KATA *[gô nô catá]* – antiga forma de treinamento de fortalecimento calcada no "Pa-Tuan-Chin" chinês, com cinco movimentos.

GO NO SEN *[gô nô sên]* – a segunda etapa na defesa, é o contra-ataque. Também é a antecipação do golpe do oponente, através de um golpe de "osae" – prensar, pressionar.

GO NO SEN NO KATA *[gônôsên nô catá]* – forma de contragolpes. Na modalidade Judô, existe o Judo-Kodokan-Kata.

GO-DAN *[gô-dan]* – quinto grau. Normalmente outorgado aos faixas pretas.

GO-DAR *[gôdar]* – golpe mais alto.

GO-DO *[gôdô]* – esporte da dureza. Caminho da dureza.

GOGEN YAMAGUCHI *[gôguên iamaguxí]* – grande mestre da escola de Karatê-Dô Goju-Kai no Japão, aluno do grande mestre Chojun Miyagi que foi criador do Goju-Ryu.

GOHON *[gôrrôn]* – cinco etapas, cinco formas, quinta seqüência, cinco tempos.

GOHON-KUMITE *[gôrron-cumitê]* – seqüência técnica de luta combinada, onde o lutador que ataca, desfere um número de cinco movimentos, que poderá variar de socos ou chutes, conforme combinado. O outro lutador, executa a defesa dos cinco movimentos, finalizando com um contra-ataque.

GOJIU, GOJU *[gôdjú]* – cinqüenta. Número cinqüenta.

GOJU-KAI *[gôdjú-caí]* – escola que ensina o estilo Goju-Ryu de Karatê-Dô, criada pelo Mestre Gogen Yamaguchi, conhecido como "o gato".

GOJU-RYU *[gôdjú-riú]* – estilo de Karatê-Dô criado pelo Mestre Chojun Miyagi. Seu nome quer dizer: "go" – Duro, rijo, resistente; "ju" – Flexível, suave, etc. É um estilo oriundo da região de Naha de Okinawa (Naha-te), tem como patrono direto, o Mestre Kanryo Higashionna, conhecido como "O santo do soco da mão fechada" e líder local do Shintoísmo. Também se diz, Xintoísmo. Esse nome é originário de um poema chinês. Ver Chojun Miyagi.

Símbolo do Goju-Ryu Karatê-Dô

GOJUSHIHO *[gôdjushirô]* – nome de um Kata oriundo da região de Shuri (Shuri-te) da ilha de Okinawa. Esse Kata deu origem a mais dois, sendo: Gojushiho Sho e Gojushiho Daí, o seu nome significa cinqüenta e quatro passos. Seu antigo nome é Hotaku, que significa Pássaro carpinteiro. Na China, esse Kata era chamado de Hakutsuru (54 passos da pantera negra).

GOJUSHIHO-DAÍ *[gôdjushirô-dái]* – grandes cinqüenta e quatro passos. Nome de um Kata. Ver Gojushiho.

GOJUSHIHO-SHO *[gôdjushirô-xô]* – pequenos cinqüenta e quatro passos. Nome de um Kata. Ver Gojushiho.

GOKAKU-GEIKO *[gôcacú-gêicô]* – treinos realizados entre parceiros do mesmo nível de força.

GOKUI *[gôcúí]* – a essência de uma escola de Budô.

GOKYU NO KAISETSU *[gôquiô nô caisêtsú]* – programa didático do Judô, para os exames de faixas, dividido em cinco grupos, que é utilizado como esquema de formação. Compreende 40 técnicas básicas de golpes com gradual nível de dificuldade. São cinco grupos, cada um com oito golpes (técnicas). **1º Kyo:** De-ashibarai; Hiza-guruma; Sasae-tsuri-komi-ashi; Uki-goshi; O-soto-gari; O-goshi; O-uchi-gari e Seoi-nage. **2º Kyo:** Ko-soto-gari; Ko-uchi-gari; Koshi-guruma; Tsuri-komi-goshi; Okuri-ashi-barai; Tai-otoshi; Harai-goshi e Uchi-mata. **3º Kyo:** Ko-soto-gake; Tsuri-goshi; Yoko-otoshi; Ashi-guruma; Hane-goshi; Harai-tsuri-komi-ashi; Tomoe-nage e Kata guruma. **4º Kyo:** Sumi-gaeshi; Tani-otoshi; Hane-maki-komi; Sukui-nage; Utsuri-goshi; O-guruma; Soto-maki-komi e Uki-otoshi. **5º Kyo:** O-soto-guruma; Uki-waza; Yoko-wakare; Yoko-guruma; Ushiro-goshi; Ura-nage; Sumi-otoshi e Yoko-gake.

GOMEN *[gômen]* – desculpa. Por exemplo, ao se retirar do Dojo. "Gomeninasai".

GOMEN'NASAI *[gômen'nassái]* – com licença, por favor.

GOSEN YAMAGUCHI *[gôsên iamagútxí]* – Grande mestre do Goju-Ryu Karatê-Dô, filho do famoso karateca Gogen Yamaguchi. Após o falecimento do seu pai, assumiu o grão-mestrado, e hoje é o líder mundial da Goju-Kai, com sede no Japão.

GOSHI *[gôxí]* – quadril, cintura. Também se lê Koshi.

GOSHIN *[gôxin]* – defesa Pessoal. Aglomerado de técnicas de várias Artes Marciais, voltadas à defesa pessoal. Alguns estilos, possuem o seu Goshin-Jitsu, como: Karatê-Dô, Judô, Aikidô, etc.

GOSHIN-DO *[gôxin-dô]* – caminho da defesa pessoal. Ver Goshin-Jitsu.

GOSHIN-JITSU *[gôxin-djitsú]* – arte da Defesa Pessoal. O mesmo que Goshin. Forma antiga de Jiu-Jitsu, especializada em desenvolver técnicas de defesa pessoal, sem armas, calcadas nas técnicas das antigas formas de Ju-Jitsu. É treinada e ensinada no moderno Judô (aos yudansha), no Aikidô e em alguns estilos do Karatê-Dô. Podendo ser uma modalidade independente.

GURUMA *[gurumá]* – roda, giro, etc.

GYAKU *[giacú]* – contrário, inverso.

GYAKU DO *[giacú-dô]* – golpe de espada sobre o abdômen utilizando o braço contrário à postura das pernas.

GYAKU-GAESHI-JIME *[guiacú-gaêxí-djimê]* – golpe de estrangulamento praticado no Judô, e em outros estilos correlatos. Posição do lutador caído de bruços com os braços estendidos e a boca no chão.

GYAKU-HANMI *[guiacú-rramí]* – técnica de esquiva do Aikidô. Modalidades do Nihon Ju-Jutsu.

GYAKU-JUJI *[guiacú-djudjí]* – chave que é aplicada em pé, para arremessar o adversário ao chão.

GYAKU-JUJI-JIME *[guiacú-djudjí-djimê]* – golpe de estrangulamento.

GYAKU-KESA-GARAMI *[guiacú-quêsá-garamí]* – chave invertida com a faixa esticada.

GYAKU-KESA-GATAME *[guiacú-quêsá-gatamê]* – chave invertida, golpe de aprisionamento.

GYAKU-OKURI-ERI *[guiacú-ocúrí-êrí]* – estrangulamento invertido do pescoço.

GYAKU-TE-DORI *[guiacú-tê-dôrí]* – virar a mão ao contrário. Normalmente, usa-se para transformar a postura inicial dos Katas, como: Chin-To (gankaku), na qual as duas mãos abertas se encontram juntas, próximas ao rosto.

GYAKU-TE-KUBI *[guiacú-tê-cubí]* – chave de braço por trás.

GYAKU-TSUKI-DACHI *[giacú-zuki-datxí]* – nome da base utilizada para a aplicação do "Gyaku-tzuki".

GYAKU-TSUKI-TSUKKOMI *[guiacú-zuquí-tsucômí]* – golpe de soco invertido, e em profundidade.

GYAKU-ZUKI *[guiacú-tzukí]* – golpe aplicado com o soco contrário à base convencional, normalmente utilizada no dia-a-dia – "Zenkutsu-Dachi".

Gyaku-tsuki

GYAKU-YUBI *[guiacú-iubí]* – dobrar os dedos ao contrário, inverter os dedos.

GYHO *[girrô]* – técnica condicionada.

GYOTAKU *[guiôtacú]* – a famosa "pressão de peixe", relativo às assim chamadas, "artes finas".

H

HÁ *[rrá]* – asa. Flutuação, equilíbrio. Também o gume ou a lâmina de uma faca ou espada; a própria região do corte.

HACHI *[rratxí]* – oito. Número oito.

HACHI-DAN *[rratxí-dân]* – oitavo grau de faixa preta nas Artes Marciais japonesas, de nível superior.

HACHIJI-DACHI *[rratxijí-datxí]* – posição natural do corpo. Uma das bases componentes dos movimentos dos pés e pernas, fundamentais para as Artes Marciais.

HACHI-MAKI *[rraxí-maquí]* – faixa ou tira de pano para envolver a cabeça, usado comumente no Kendô. Também se lê: "Hachimaki Tenigi". O seu uso não é permitido em competições como do Karatê-Dô, Judô, etc.

HADAKA *[rradacá]* – nu, liso, puro, sem roupa.

HADAKA-JIME [*rradacádjimê*] – estrangulamento sem roupa. Qualquer estrangulamento no Judô ou no Jiu-Jitsu executado pelo pescoço.

HAI [*rrái*] – sim.

HAIMEN-HASAMI-UCHI [*rraimen-rrassámiutxí*] – ataque para trás com as duas mãos cerradas, utilizando as armas "Nakadaka-Ippon-Ken" a exemplo no Chin-te Kata.

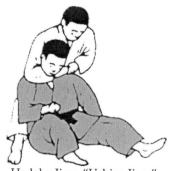
Hadaka-Jime "Ushiro-Jime"

HAIMEN-ZUKE [*rraimen-zuquê*] – ataque de pistola por trás, utilizada no Goshin-Jitsu.

HAIRI-KATA [*rrairí-catá*] – técnicas ou métodos aplicados a partir da posição baixa, tais como sentadas ou deitadas.

HAISHU [*rraixú*] – costas das mãos abertas. Também aperto de mão.

HAISHU-AWASE-UKE [*rraixú-auásê-uquê*] – defesa com as mãos abertas, usando como arma as costas das mãos, em uma ação ao mesmo tempo.

HAISHU-UCHI [*rraixú-utxí*] – ataque com as costas da mão aberta.

HAISHU-UKE [*rraixú-uquê*] – defesa com as costas da mão aberta.

HAISOKU [*rraisôcú*] – a parte frontal do pé (peito do pé).

HAITO [*rraitô*] – faca interna da mão aberta. Também, parte interna no "Tegatana".

HAITO-IPPON-KEN *[rraitô-ipon-quên]* – movimento em que o lutador efetua com os punhos cerrados, usando um dos nós dos dedos da mão, em saliência. Nesse caso específico, usa-se o indicador.

HAITO-IPPON-KEN-UCHI *[rraitô-ipon-quen-utxí]* – movimento que o lutador, em ataque propriamente dito, com os punhos cerrados, usa um dos nós dos dedos da mão em saliência.

HAITO-KAKIWAKE *[rraitô-caquiuáquê]* – defesa ao nível de "Jodan", com as facas internas das mãos abertas, como por exemplo no Chin-to Kata.

HAITO-UCHI *[rraitô-utxí]* – golpe desferido com a faca interna da mão aberta.

HAJI *[rradjí]* – a vergonha. O que fazia os samurais se matarem.

HAJIME *[rradjimê]* – começar, iniciar, etc.

HAKAMA *[rracamá]* – antiga vestimenta dos lutadores de Ju-Jitsu do Japão, composta de uma saia-calça larga, normalmente de cor preta. Esse uniforme com outras cores também é usado, pois possui significados filosóficos e, normalmente, é usado pelos mestres em ocasiões especiais. Esta vestimenta ainda é utilizada por algumas modalidades mais tradicionais, como: Kyudô, Ken-Jutsu ou Kendô, Aikidô, Kenpo e algumas escolas do Karatê-Dô.

HAKUDA *[rracudá]* – antiga variedade de Ju-Jitsu, Hakuda-Ryu.

HAKUDA NAKAYAMA *[rrakuda nacaiáma]* – nome de um antigo e grande mestre "espadachim" do Ken-Jitsu.

HÁMA-SHI *[rráma-xí]* – o lado de trás da espada. Termo usado no Kendô para identificar a arma.

HA MON *[rrá-môn]* – o gume da espada, ou seja, o lado afiado da lâmina.

HAN *[rrân]* – metade, meio.

HANBU-DOJO *[rrambú-dôjô]* – centro esportivo. É o quartel general dos treinamentos de qualquer modalidade de Artes Marciais.

HANDASHI WAZA *[rrandáxí-uazá]* – técnicas para andar ajoelhado, sentado.

HANE *[rranê]* – asa, salto, pulo, voar, projetar.

HANE-GOSHI *[rranê-gôxí]* – golpe de quadril no salto, no Judô e no Jiu-Jitsu.

HANE-MAKI-KOMI *[rranê-makí-cômí]* – golpe de virada no salto. Golpe desferido com o corpo no Judô e no Jiu-Jitsu.

HANGETSU *[rrangêtsú]* – nome de um Kata. Quer dizer: meia-lua. O seu antigo nome é Sei-shan.

HANGETSU-DACHI *[rrangêtsú-datxí]* – nome de uma "base" característica do Hangetsu-Kata.

HAN'MI *[rrân'mí]* – posição do corpo.

HAN'MI-DACHI *[rrân-mí-datxí]* – posição do corpo em que os pés ficam da seguinte forma: um em diagonal (45°) o outro em linha reta em direção ao alvo, à frente e na linha do "dedão" do pé.

HAN'MI-NO-NEKOASHI-DACHI *[rrân-mí-nô-nêcô-axí-datxí]* – posição das pernas que se assemelha às do gato, em posição de ataque. É uma base similar a "Kokutsu-Dachi" ou "Nekoashi-Dachi".

HAN'MI-SASHI-ASHI *[rrân-mí-saxí-axí]* – deslocamento dos pés. A exemplo dos Kata's; Sei-shan (Hangetsu), Nai-hanchi (Tekki), etc.

HANSHI *[rrânxí]* – título outorgado ao faixa preta, na qualidade de mestre e autoridade nas matérias, com graduação entre 7° e 9° graus. É uma graduação também do grupo "Menkyo" – graduação dos samurais, também usada pela Butoku-Kai no Japão. Ver Butoku-Den.

HANSOKU *[rrânsôcú]* – punição grave, onde o competidor que a recebe é desclassificado do embate. Em algumas modalidades de Artes Marciais, como o Karatê, além de ser desclassificado da competição, o lutador outorga os pontos máximos ao adversário como: Ippon, Ippon-han, Nihon, Sanbon, etc., dependendo da regra utilizada.

HANSOKU-CHUI *[rrânsôcú-txúi]* – punição menos grave, onde o competidor que recebe, poderá ser desclassificado e outorga um ponto (ippon) ao seu adversário, dependendo da regra utilizada.

HANSOKU-MAKE *[rrânsôcú-maquê]* – o mesmo que Hansoku.

HANTEI *[rranteí]* – decisão. Usado normalmente nos eventos competitivos, onde os árbitros ou juízes definem quem ganha ou quem perde, e demais outros assuntos gerados no evento.

HAN ZENKUTSU DACHI *[rrân-zenkútsu-datxí]* – é a base Zenkutsu um pouco menor que a tradicional.

HAPPO *[rrapô]* – nas oito direções.

HAPPO NO KUZUSHI *[rrapô nô cuzuxí]* – as oito direções em que se provoca o desequilíbrio.

HARA *[rrará]* – barriga.

HARA-GATAME *[rrará-gatamê]* – chave de estiramento.

HARA-GEI *[rrarái-guêi]* – escolas de desenvolvimento das energias do Hara.

HARA-KIRI *[rrará-quirí]* – cortar a barriga. O mesmo que Sep'puku. Ato suicida em que os Samurais praticavam, pela vergonha de não haver cumprido a missão designada pelos seus senhores, Shogun, Daimyo ou Imperador, ou mesmo pelo fato de não poder honrar o seu nome ou o do seu senhor.

HARAI, BARAI *[rrarái]* – varrer, ceifar, etc. Também, defesa afastando "varrendo para longe" a espada do inimigo.

HARAI-GOSHI *[rrarái-gôxí]* – golpe de projeção, no qual o executante utiliza o quadril para projetar o oponente pela barriga.

Harai-goshi

HARAI-TSURI-KOMI-ASHI *[rrarái-tsurí-cômí-axí]* – técnica de golpe com o pé. Também, equilíbrio ao se levantar com o apoio do pé.

HARAI-WAZA *[rraraí-uazá]* – conjunto de técnicas direcionadas à barriga do oponente. Também diz-se, do golpe de rechaça, ou seja, golpes contínuos "renzoku-waza" no Ken-Jitsu.

HASAMI, BASAMI [*rrassâmí*] – pegar alguma coisa, contornando-a com uma tesoura ou pinça. Também se diz tesoura, tesourar.

HASAMI-JIME [*rrassâmí-djimê*] – estrangular com uma tesoura.

HASAMI-UCHI [*rrassâmí-utxí*] – ataque com as duas mãos, na frente do corpo, utilizando as armas "Nakadaka-Ippon-Ken", a exemplo do Chin-te Kata.

HASSO [*rrasô*] – posição clássica da esgrima japonesa.

HASSO NO KAMAE [*rrasô nô camnaê*] – guarda lateral, em que o lutador leva a espada em vertical (Ninja-To) à lateral do corpo. Técnica Ninja.

HATA [*rratá*] – bandeira, pavilhão, faixa, flâmula, etc.

Hatas

HATCHI [*rratxí*] – oito. Número oito.

HATCHI-DAN [*rratxí-dân*] – oitavo grau. Graduação das Artes Marciais japonesas. Equivale ao grau de Hanshi das graduações dos samurais.

HATCHI-JIU [*rratxí-djíú*] – oitenta. Número oitenta.

HATSUMI MASAAKI [*rratsumí masa'aquí*] – nome do lendário mestre do Nin-jitsu ainda vivo, e representante das escolas (linhagens): 34° Soke da Togakure-Ryu, fundada por Daisuke Nishima; 2 8° Soke da Gyokko-Ryu, fundada por Hakkunsai Tozawa; 28° Soke da Kukishinden-Ryu fundada por Kanja Hazumi–Yoshiteru; 21° Soke da Gyoiokushin-Ryu

83

fundada por Sasaki Gorozaem; 18° Soke da Koto-Ryu, fundada por Sandayu Komoshi; 18° Soke da Gikan-Ryu fundada por Sonyu Hongan Gikambo (lorde de Kawashi); 17° Soke da Takagi Yoshin-Ryu, fundada por Oriuemon Shigenobu Takagi; 14° Soke da Kumogakure-Ryu, fundada por Heinaizaemon Ienaga Iga (adotou o nome de Kumogakure Hoshi).

HAZUMI *[rrazumí]* – efetuar movimentos com o corpo e com perfeição técnica.

HEI-AN *[rrêi-ân]* – nome de Kata. É uma série de cinco Katas originários da região de Shuri-Te da ilha de Okinawa. O seu nome quer dizer "paz e tranqüilidade". É praticado por várias escolas de linhagem similar. Seu nome é representativo do Período Heian Japonês, por volta de 794 a 1192.

HEI-AN GO-DAN *[rrêi-ân gô-dân]* – quinto grau do Hei-an Kata. Ver Hei-an.

HEI-AN NI-DAN *[rrêi-ân ni-dân]* – segundo grau do Hei-an Kata. Ver. Hei-an.

HEI-AN SAN-DAN *[rrêi-ân sân-dân]* – terceiro grau do Hei-an Kata. Ver Hei-an.

HEI-AN SHO-DAN *[rrêi-ân xô-dân]* – primeiro grau do Hei-an Kata. Ver Hei-an.

HEI-AN YON-DAN *[rrêi-ân iôn-dân]* – quarto grau do Hei-an Kata. Ver Hei-an.

HEIHO *[rrêirrô]* – estratégia.

HEI-HYO-HIN *[rrêi-rriô-rrín]* – pensamento em estado normal.

HEIKIN *[rrêiquín]* – equilíbrio, balanço, etc.

HEIKO *[rrêicô]* – paralelo.

HEIKO-DACHI [*rrêicô-datxí*] – base em que os pés tomam uma distância de um pé, em paralelo.

HEISOKU-DANCHI [*rrêisôcú-datxí*] – base em que os pés unem-se os calcanhares, mantendo-se as pontas abertas, com um pé de abertura.

HEI-WA [*rrêi-uá*] – nome de Kata. É uma série de cinco Katas, originários da região de Shuri-Te da ilha de Okinawa. O seu nome quer dizer "paz e tranqüilidade". É praticado por várias escolas, como Shito-Ryu, Wado-Ryu, Sanku-Ryu, etc.

HEI-WA GO-DAN [*rrêi-uá gô-dân*] – quinto grau do Hei-wa Kata. Ver Hei-wa.

HEI-WA NI-DAN [*rrêi-uá nidân*] – segundo grau do Hei-wa Kata. Ver Hei-wa.

HEI-WA SAN-DAN [*rrêi-uá sân-dân*] – terceiro grau do Hei-wa Kata. Ver Hei-wa.

HEI-WA SHO-DAN [*rrêi-uá xô-dân*] – primeiro grau do Hei-wa Kata. Ver Hei-wa.

HEI-WA YON-DAN [*rrêi-uá iôn-dân*] – quarto grau do Hei-wa Kata. Ver Hei-wa.

HENKA WAZA [*rrêncá uazá*] – conjunto de técnicas consideradas avançadas, onde o lutador durante uma luta, mudará seu comportamento de ataque e defesa, de acordo com o oponente.

HIDARI [*rridarí*] – esquerda.

HIDARI-ASHI-JIME [*rridarê-axí-djimê*] – estrangulamento da parte interna da perna.

HIDARI-DO [*rridarí-dô*] – golpe desferido com a espada no lado esquerdo do "DO" – tórax, peito.

hidari-eri-dori　　　　　hikari-ashi

HIDARI-ERI-DORI *[ridarí-êrí-dôrí]* – agarramento da lapela. Usado muito no Goshin-Jitsu, Judô, etc.

HIDARI-JODAN-MEN *[rridarí-jôdân-mên]* – golpe desferido com a espada no lado esquerdo do "MEN" – cabeça.

HIDARI-KOTE *[rridarí-côtê]* – golpe desferido com a espada no lado esquerdo do "KOTE" – pulso.

HIDARI-MEN *[rridarí-mên]* – lado esquerdo do "MEN" - cabeça. Também se diz do golpe desferido com a espada nessa região.

HIDARI NO KAMAE *[rridarí nô câmaê]* – em guarda pela esquerda.

HI-DEN *[rri-dên]* – artes secretas de uma escola "Kai", de um estilo "Ryu". 1-Tradição secreta.

HIGI *[rrigí]* – artes ocultas de uma escola "Kai", de um estilo "Ryu".

HI-HO-KATANA *[rri-rrôn-cataná]* – técnica onde se usa as duas espadas.

HIJI *[rridjí]* – cotovelo.

HIJI-ATE *[rridjí-atê]* – bater com o cotovelo.

HIJI-BARAI *[rridjí-baraí]* – movimento que se faz em varredura com os cotovelos, a exemplo dos Katas: Pin-an San-Dan, Chin-to e Gankaku.

HIJIKI *[rridjiquí]* – o uso da energia "ki" pelo cotovelo. Também se diz: torcer, esmagar.

HI-JITSU *[rrí djítsú]* – técnicas secretas.

HIKARI-ASHI *[rricárí-axí]* – posicionamento dos pés para ataques laterais, ou em resposta a um ataque.

86

hiki / **hip'piaku**

HIKI *[rriquí]* – puxar, puxão, etc.

HIKI-ASHI *[rriquí-axí]* – puxar a perna, puxão da perna, etc.

HIKI-DO *[rriquí-dô]* - defesa efetuada, quando o golpe vem direcionado ao "DO" – tórax, peito.

HIKI-GASHIRA WAZA *[rriquí-gaxirá-uazá]* – golpear no exato momento em que o oponente tenta recuar.

HIKI-MEN *[rriquí-mên]* – defesa efetuada, quando o golpe vem direcionado ao "MEN" – cabeça.

HIKI TAOSHI *[rriquí taôxí]* – puxar para baixo.

HIKITATE-GEIKO *[rriquitatê-guêicô]* – treinamento do mais velho com o mais jovem no Budô.

HIKI-TE *[rriquí-tê]* – puxar a mão ao quadril, puxão da mão, etc.

HIKIWAKE *[rrikiuakê]* – empate. Conforme regulamentos de competições.

HIKI-WAZA *[rriquí-uazá]* – conjunto de técnicas de esquivas, ou seja, recuando e desviando.

HIKUI *[rricuí]* – golpe desferido baixo (não no sentido pejorativo).

HIMO *[rrimô]* – cadarço utilizado para ligar o equipamento do Kendô ou Ken-Jitsu.

HINERI-KAESHI *[rrinêrí-caêxí]* – virada do antebraço, transformando-o em "Uchi-Uke", partindo do mesmo ponto, nesse caso, do "Jun-Zuki", sem mudança de base.

HIP'PIAKU *[rrip-piacú]* – cem. Número cem.

HIRA-KEN [rrira-ken] – soco aplicado com os nós dos dedos dobrados (falanginha).

HIROKAZU KANAZAWA [rrirôcazú cânasáuá] – Nome de um grande mestre do Karatê-Dô, criador do sistema, SKI – Shotokan Karatê International. Foi um dos criadores da Nihon Karatê Kyokai e um dos alunos do grande mestre Gichin Funakoshi.

HIRONORI OTSUKA [rrirônôrí ôtzucá] – 1. Grande mestre criador do estilo Wado-Ryu Karatê-Dô em 1933. Nasceu em Ibaragi-Ken, no Japão, em 1º. de junho de 1892 e faleceu em 29 de janeiro de 1982. Seus passos no Budô, aconteceram em 1897 aos 5 anos de idade, iniciando-se no Ju-Jitsu na escola de Chijiro Ehashi, instrutor oficial da família Tsuchiura (tio da mãe do garoto Otsuka). Durante a primavera de 1911, diversifica-se seus conhecimentos trabalhando vários métodos de Ju-Jitsu, optando mais tarde pelo Shindo Yoshin-Ryu. Nessa época, também com 19 anos de idade, ingressa na universidade Waseda em Tokyo. Em 1º de julho de 1922, completa 30 anos de idade, sendo graduado mestre do Shindo Yoshin-Ryu Ju-Jitsu, e "Yuki Oshi" 4º sucessor do mestre D. Matsuoka, recebendo, também do seu mestre Tatsusaburo Nakayama, o "Menkyo-Kaiden" – o mais alto grau do Budô. Com a

Hironori Otsuka
(1892 - 1982)

idéia avançada de criar uma modalidade de Arte Marcial que viesse agrupar um conjunto técnico mais diversificado, passa a estudar mais intensamente outras modalidades como: Tochin Kenpo e Okinawa-Te, recém-chegado de Okinawa. Esse grande mestre, ao conhecer o Okinawa-Te de Gichin Funakoshi, Kenwa Mabuni e Choku Motoku, já o era mestre do Shindo Yoshin-Ryu Ju-Jitsu Daí, legado a ele pelo grande mestre Tatsusaburo Nakayama, que o "exaltou mestre" e outorgou-lhe a posição de 4º sucessor do estilo, na árvore genealógica. Em 1938, dá o primeiro nome ao seu recém-criado estilo "Shinshu Wado-Ryu Karatê Jiu-Jitsu", meses mais tarde modifica para "Wado-Ryu Jitsu Kenpo", e mais adiante, difinidamente, "Wado-Ryu". Em 26 de abril de 1966, recebe do imperador Hiroito o diploma de Kung Goto, a 5ª ordem do mérito – cordão do sol nascente. Em 9 de outubro de 1922, é agraciado pela *International Budo Federation*, com o 10º Dan de Karatê, com o título de Meijin – mestre dos mestres, título até então recebido pelos mestres: Kyuzo Mifune em Judô e Hakuda Nakayama em Kendo. Em 31 de março de 1974, recebe da Federação Japonesa de Karatê o título de Hanshin – grãomestre. Hoje, o representante oficial desse estilo (Wado-Ryu) em todo o mundo, é o seu filho, Hironori Otsuka II (nome adotado do pai, após seu falecimento; o seu nome de batismo é Jironori Otsuka). 2. Ver Wado-Ryu.

HISHIGI *[rrixiguí]* – estender, virar, quebrar, etc.

HITO *[rritô nô catá]* – nome antigo do Wankwan Kata, também chamado hoje de Wankan. Ver Shifu.

HITO NO KATA *[rritô nô catá]* – nome de um antigo Kata, idealizado por Gichin Funakoshi, em Okinawa.

HIZA *[rrizá]* – joelho.

HIZA GASHIRA *[rrizá gaxirá]* – rótula do joelho, patela.

HIZA-GATAME *[rrizá-gatamê]* – golpe de chave de estiramento duplo, utilizadas no Judô e no Jiu-Jitsu.

HIZA-GERI *[rrizá-gêrí]* – joelhada, chute com o joelho.

HIZA-GURUMA *[rrizá-gurumá]* – golpe circular aplicado ou apoiado ao joelho, impedindo seu deslocamento, portanto, causando-lhe a queda. Utilizada no Judô e Jiu-Jitsu.

HIZA-JIME *[rrizá-djimê]* – golpe por estiramento lateral. Também se diz de golpe de estrangulamento.

HIZA-KAIKOMI *[rrizá-cáicômí]* – elevação máxima do joelho em ataque – "Hiza-Geri".

HIZA-KANSETSU *[rrizá-cânsêtsú]* – articulação do joelho.

HIZA-MAKI *[rrizá-maquí]* – movimentação dos joelhos. Golpe característico do Katame-no-kata.

HIZA-MAKI-KOMI *[rrizá-maquí-cômí]* – golpe desferido, partindo da posição circular em pé.

HIZA-TSUKI *[rrizá-tzuquí]* – soco com o joelho. O mesmo que Hiza-geri. Joelhada.

HIZA-UCHI *[rrizá-utxí]* – batida com o joelho, golpe com o joelho, joelhada.

HIZA-UKE *[rrizá-uquê]* – defesa com o joelho.

HO *[rrô]* – prática, exercício, treino. Diz-se também: caminho, andar, via, etc.

hon   **hou-shin**

HON *[rrôn]* – livro, caderno, estudo, base, fundamentos, cabeça, etc.

HONDO *[rrôndô]* – Japão. O mesmo que Nihon, Nippon.

HON KESA GATAME *[rrôn qêsá gatamê]* – técnica de imobilização.

HONNO *[rrônô]* – o mais alto objetivo do treinamento. Superar o intelecto tornando os movimentos e ações instintivas.

HONTAI *[rrôntái]* – exprime o domínio do espírito sobre o corpo.

HOSHI *[rrôxí]* – estrela.

HOTAKU *[rrôtacú]* – nome antigo do Gojushiho Kata. O seu nome quer dizer: "pássaro carpinteiro".

HOU-SHIN *[rrôu-xín]* – liberação do pensamento.

91

I

IAI *[iái]* – Arte Marcial, que é praticada com a espada (Katana), antepassada ao Kendô. Iai-Jitsu.

Um dos maiores mestres do Kobudô de Okinawa. Especialista no uso do bastão longo e da espada. Considerado um dos divulgadores do Iai-Jitsu entre outros. Mestre Shiken Taira investido do equipamento de proteção para a prática do Iai-Jitsu – genitora do Ken-Jitsu.

IAI-DÔ *[iai-dô]* – caminho da espada, do sabre. Treinamento especial do Ken-jitsu ou Kendô, onde o lutador exercita movimentos cortantes entre o desembainhar e a recolocação da espada na bainha. O mesmo que Iai-Jitsu.

iai-jitsu   **ichi**

IAI-JITSU *[iái-djitsú]* – antepassada do "Iai-Dô", é considerado irmão gêmeo do Ken-Jutsu. Luta-se com a espada fazendo Kata de defesa e ataque, contra um ou mais adversários imaginários. Essas técnicas dividem-se em quatro etapas, a saber: 1ª - **Nukitsuke:** desembainhar rapidamente a espada; 2ª - **Kiritsu:** desferir golpes que possam tirar o adversário da luta ou matá-lo; 3ª - **Tchiburi:** revidar os ataques; 4ª - **Noto:** reconduzir a espada à bainha. Antiga Arte Marcial, contemporânea ao Ken-Jitsu, onde o lutador pratica Kata de defesa e ataque contra um adversário imaginário. Os Katas do Iai-Jitsu dividem-se quatro etapas. O Iai-Dô, também possui particularidade que diferencia do Ken-Jitsu, como: é uma forma mais defensiva de combater, que já começa quando a espada ainda se encontra na bainha. O exercício tem por escopo a obtenção da precisão no manejo da arma, bem como a consecução da ausência total do medo, unida com uma superioridade única para o momento em que o adversário, já de espada desembainhada, vem se precipitar contra o oponente calmamente sentado ou caminhando. Na perfeita execução do Iai-Dô, fundem-se, sem contradição, a exata movimentação do corpo e a imutabilidade de ânimo, proporcionando a fascinação do verdadeiro Budô.

IANZU *[iânsú]* – nome de um antigo Kata.

IAWARA *[iauárá]* – método de defesa pessoal, composta de alguns estilos de Artes Marciais, como: Ju-Dô, Iai-Dô, Karatê-Dô, Aiki-Dô, etc.

IBO *[ibô]* – passo duplo, dois passos.

ICHI *[itxí]* – um. Número um.

94

ICHI-GAN *[itxí-gân]* – primeiro olho (observar o estado psicológico do adversário analisando todos os seus movimentos tanto do corpo quanto da espada). Um dos quatro princípios básicos do Kendô ou Ken-Jitsu. Os outros três são: "ni-soku"; "san-tan" e "shi-ryki".

ICHI MON JI NO KAMAE *[itxí môndjí nô camaê]* – guarda em que o lutador de Nin-jitsu observa seu oponente.

ICHI NO KAMAE *[itxí nô camaê]* – guarda frontal com a *ninja-to* apontada diretamente para o rosto do oponente.

IDORI *[idôrí]* – estando sentado. Técnicas que surgem da posição sentada, para a execução de vários golpes, inclusive o "Katame-Waza" e o "Kime-no-Kata". Todos os movimentos de defesa de um estilo de Ju-Jitsu. O mesmo que Uke-Waza. São movimentos de defesa, onde o lutador que defende se encontra sentado, é muito usado no Goshin-Jitsu, Wa-Jitsu, Wado e no Ju-Dô nos quadros: Katame-no-kata e Kime-no-kata.

IIE *[iiê]* – não, negação, negar.

IKEBANA *[iquêbaná]* – é a arte do arranjo floral segundo normas estéticas, filosóficas e de utilidade ecológica "seika, shoka". O "Caminho da flor" – originário do ato de ofertar flores diante de estátuas budistas. Essa arte calca-se no Zen de meditação. Possui diversas escolas e estilos. É considerado um exercício de meditação. Existem várias designações para as diversas formas de Ikebana, como: Bonkai – Paisagem pintada em miniatura numa tábua; Bonsai – A árvore miniatura; Bonsei – A arte de plantar a árvore miniatura; Bonseki – Paisagem em miniatura de areia e cascalho, colada numa base laqueada; Chabana – Arranjo de flores para cerimônia do chá

Shohibana, podendo ser alterado para a Nageire

(Cha-no-yu); **Chi** – A terra ou o negativo; **Furyu** – Harmonizar o perfeito com o imperfeito; **Hana** – Flor; **Hanafuda** – Jogo japonês em que as pedras (semelhantes ao dominó) possuem desenhos de flores; **Hanami** – A arte de contemplar as flores; **Ikeru** – A arte de fincar flores vivas. Palavra da qual derivou o termo Ikebana; **Ka-do** – Caminho do estudante, caminho da flor, do ponto de vista estético e filosófico; **Moribana** – Arranjo de flores numa concha rasa; **Morimono** – Arranjo de flores e frutos; **Nageire** – Flor e folhagem dispostas num vaso de uma forma intencionalmente solta; **Shohibana** – Mini-arranjo, arranjo pequeno; **Ten** – O céu ou o positivo; **Ukibana** – Arranjo de flores flutuantes.

INTON JUTSU *[intôn-djústsú]* – técnicas de fuga e escapismo utilizadas pelos ninjas.

IPPON *[ipon]* – um, primeiro. Também se lê: um ponto, usado nas regras de competição.

IPPON-DACHI *[ipôn-datxí]* – nome de uma das bases usadas no Karatê-Dô, em que o lutador fica equilibrado em uma perna só.

IPPON-KEN *[ipon-ken]* – golpe aplicado com um dos dedos, ou mesmo, nós dos dedos da mão, no Karatê e correlatas.

IPPON-KEN-FURI *[ipon-ken-furí]* – ataque com um dos nós dos dedos da mão.

IPPON-KUMITE *[ipon-cumitê]* – luta em que se desfere um só golpe, ou ataque no Karatê. Ataque e defesa em um só ponto predeterminado. Também, ataque com um dos dedos na mão.

IPPON-SEOI-NAGE *[ipôn-sêôi-nagê]* – arremesso, por sobre os ombros, no Judô e no Jiu-Jitsu.

IPPON-SHIAI *[ipôn-xiái]* – competição ou luta em que os lutadores procuram fazer um ponto "Ippon".

IRIMI *[irimí]* – entrada direta, o avanço executado no Aikidô e em alguns estilos de Jiu-Jitsu, que visa derrubar o adversário atuando na direção contrária de seu movimento. Condução do ataque em linha reta. Sinônimo de Omote.

IRIMI-NAGE *[irimí-naguê]* – golpe interno, executado no Aikidô e em outros estilos de Jiu-Jitsu, como: Goshin-Jitsu, Wa-Jitsu, etc.

ISHIN-RYU *[Itchin-Riu]* – nome de um dos estilos do Karatê-Dô.

ISSOKU-ITTO-NO-MAI *[isôcú-itô-nô-mái]* – distância necessária para o golpe do Kendô, através de um passo dado à frente, nos treinos do Kendô "Ken-jitsu".

ITAMI-WAKE *[itamí-uaquê]* – ferimento que foi causado sem culpa (acidental), dos estatutos de competição.

ITOSSU ANKU (Itosu Yasatsune Anku) *[itôsú âncú]* – nome do famoso mestre, professor do mestre Gichin Funakoshi. Esse mestre foi um dos mais importantes divulgadores do Okinawa-Te, em toda a ilha de Okinawa. Por ele passaram outros grandes mestres, que vieram dar sustentação ao que conhecemos

Itossu Anku

Itosu ou Yasatsune Anku
1830 "32" – 1915 "16"

por Karatê-Dô. Nascido na ilha de Okinawa em (1830 "32" - 1915 "16"), na região de Shuri, tornou-se um dos maiores e respeitado artista marcial da ilha de Okinawa, durante o século XIX. O mestre Itosu, foi a primeira pessoa a introduzir o Okinawa-Te – Karatê na **OKINAWA DAÍ ICHI** na *Escola Secundária* e aos professores da Universidade de Okinawa. A convicção que ele tinha a respeito do Karatê quanto a sua importância para o desenvolvimento do caráter e da concentração na prática dos Katas, pelas pessoas que o praticara, principalmente com o estudo dos Katas 'Bunkai', tornou-se uma das maiores contribuições para a solidificação deste sistema de luta em Okinawa e conseqüentemente a todo o mundo posteriormente. Ao sistematizar o seu karatê no sentido prático, começou a ensinar o Naihanchi Kata. Cria também os cinco Pin-An's, baseado no Ku-Shanku Kata e algumas outras técnicas consideradas significantes extraídas de um antigo Kata chamado Chanan. Foram alunos desse mestre, entre outros Kentsu Yabu (1863-1937), Chomo Hanashiro (1869-1945), Gichin Funakoshi (1867-1957), Moden Yabiku (1880-1941), Kanken Toyama (1888-1966), Chotoku Kyan (1870-1945), Shinpan Shiroma (1890-1954), Anbun Tokuda (1886-1945) e Kenwa Mabuni (1889-1952).

itsuku **iudo**

ITSUKU *[itsucú]* – imobilizar. Refere-se à paralisação momentânea do estado de espírito, corpo ou mãos ocasionando a perda de reflexo e lentidão de reação tornando o "kenshi" vulnerável (dentro do Kendô ou Ken-Jitsu, podendo se estender a todos as Artes Marciais).

ITSU-TSU NO KATA *[itsú-tisú nô catá]* – a seqüência baseada nos cinco símbolos. Forma cerimoniosa de apresentação do Judô.

IUDO *[iudô]* – acompanhar os movimentos do seu oponente, fundindo-se com ele.

J

JIAI *[djiái]* – mão unida à outra.

JIAI NO KAMAE *[djiaí nô camaê]* – guarda do "Jiai". Posição em que as mãos ficam juntas, onde uma apóia a outra formando um triângulo, quando utilizado essa forma na altura do tórax. Essa posição, é usada em alguns Katas como: Bassai, Jitte, Jion, etc.

JIGANE *[djigânê]* – o lado entre o gume e o fio da espada. Sua arranhadura.

JIGO *[djigô]* – defesa, proteção.

JIGORO KANO *[djigôro cânô]* – nome do grande mestre criador do Ju-Dô. Nascido no Japão em 1860 e falecido em 1938. Para a criação do Ju-Dô, esse mestre estudou alguns métodos de Jiu-Jitsu da época, como o Kito-Ryu e o Yoshin-Ryu, sendo esses os mais importantes, entre

Jigoro Kano
(1860 - 1938)

outros. Retirou as técnicas consideradas por ele como traumáticas e até fatais, e condicionou essa modalidade ao esporte, inclusive sendo o primeiro esporte de luta a ser aceito como olímpico, graças às suas modificações. Ver Judô.

JIGO-TAI *[djigô-tái]* – posição ofensiva do corpo.

JIIN *[djin]* – nome de Kata. Tem sua origem na região de Tomari (Tomari-Te) da ilha de Okinawa. É um Kata praticado por várias escolas, como: San-ku-Kai, Wado-Ryu, Shotokan-Ryu, etc. O seu nome significa "amor e proteção".

JIKAN *[djicân]* - tempo.

JIME *[djimê]* – estrangulamento. Técnicas de estrangulamento. Também se diz "Shime".

JINSEI *[djinsêi]* – nome de Kata. Originário da região de Tomari (Tomari-Te) da ilha de Okinawa. É um Kata muito antigo, portanto, é pouco ou quase não mais praticado pelos karatecas atuais.

JION *[djiôn]* – nome de Kata. Originário da região de Tomari (Tomari-Te) da ilha de Okinawa. O seu nome é o nome de um antigo abade e de um templo chinês. É praticado por várias escolas do Karatê-Dô, como: Shotokan-Ryu, Shito-Ryu, Wado-Ryu, Sanku-Kai, etc.

JIRI ICHI *[djirí itxí]* – teoria e prática.

JIRONORI OTSUKA *[djirônôrí ôt'ssucá]* – nome do representante máximo do estilo Wado-Ryu de Karatê-Dô no mundo. Filho do grande mestre Hironori Otsuka. Em 1982, após a morte do seu pai, além de ascender à cadeira de Grão-mestre, trocou o seu nome pelo nome de seu pai, ficando portanto Hironori Otsuka II.

Jironori Otsuka, à esquerda, realizando demonstração.

JISHO *[djixô]* – dicionário.

JITA-KYOEI *[djitá-quiôêi]* – "bem-estar geral para todos" – lema do Kodokan no Japão.

JITSU *[djútsú]* – arte, técnicas, maneiras, estilos, etc. Termo usado para designar as artes guerreiras, estilos de lutas. O mesmo que Jutsu. Ver DO.

JITTE *[djitê]* – nome de Kata. Originário da região de Tomari (Tomari-Te) da ilha de Okinawa, é praticado por diversas escolas do Karatê-Dô, como: Shito-Ryu, Wado-Ryu, Shotokan-Ryu, etc. O seu nome quer dizer "dez mãos". Também é o nome de uma arma de metal, com alça. Quer dizer também "Mão do Templo". O mesmo que Jutte.

JITTE-BO-JITSU *[djitê-bô-djítsú]* – a arte de defender-se contra bastões.

JITTE-JITSU *[djitê-djítsú]* – a arte de agarrar com o laço.

JIU, JU *[djú]* – dez. Número dez.

JIU-DAN *[djiu-dân]* – décimo grau. Graduação outorgada aos faixas pretas. É outorgada com honorabilidade aos fundadores de estilo ou linhagem. Também se diz Ju-Dan.

103

jiu-go   **jodan no kamae**

JIU-GO *[djiugô]* – quinze. Número quinze.

JIU-HATCHI *[djíú-rratxí]* – dezoito. Número dezoito.

JIU-ICHI *[djiú-itxí]* – onze. Número onze.

JIU-JITSU *[djiu-djitsú]* – métodos suaves, sistemas suaves, estilos suaves. Ver. Ju-Jutsu.

JIU-KIU *[djíu-quiô]* – dezenove. Número dezenove.

JIU-NANA *[djíú-nâná]* – dezessete. Número dezessete.

JIU-NI *[djíú-ní]* – doze. Número doze.

JIU-ROKU *[djíú-rôcú]* – dezesseis. Número dezesseis.

JIU-SAN *[djíú-sân]* – treze. Número treze.

JIU-YON *[djíú-iôn]* – quatorze. Número quatorze.

JIYU *[jiíú]* – livre, solto, liberdade, etc.

JIYU-IPPON-KUMITE *[djiíú-ipôm-cumitê]* – treinamento preparatório para a luta, no Karatê. Luta por um ponto.

JIYU-KUMITE *[djiíú-cumitê]* – luta sem pontuação e sem mediador, luta livre.

JIYU-RENSHU *[djíu-renxú]* – treinamento livre, similar ao "Randori".

JO *[djô]* – bastão médio.

JOBA *[djôbá]* – antiga arte de equitação japonesa.

JODAN *[djôdan]* – parte superior do corpo humano. Cabeça, rosto.

JODAN-HAISHU-AWASE-UKE *[djôdan-rraixú-auasê-uquê]* – guarda de mão em que o lutador eleva as mãos abertas à altura da cabeça, como dos Katas, Pin-an Yon-Dan, Bassai-Sho, etc.

JODAN NO KAMAE *[djôdan nô camaê]* – guarda alta.

JODAN-UCHI-UKE *[djôdan-utxí-uquê]* – defesa alta com o braço de dentro para fora.

JODAN-UKE *[djôdan-uquê]* – defesa alta, acima da cabeça.

JODAN-WAZA *[djôdan-uazá]* – conjunto de defesas altas ou superiores.

JO-DORI *[djô-dôrí]* – o atacante, na prática com bengala, ou bastão no Jiu-Jitsu, Goshin-Jitsu.

JOGAI *[djôgai]* – sair da marca. Termo usado nas competições de Artes Marciais, avisando ou advertindo o competidor sobre sua saída da área demarcada.

JOGAI-NAKAE *[djogái-nacaê]* – "retorne ao centro", dos estatutos de competição. Diz-se também, "retornem às posições iniciais" (ordem dirigida aos atletas em confronto).

JO-JITSU *[djô-djítsú]* – a arte de defesa com um pequeno bastão.

JONI DAN *[djô nidân]* – grupo de 300 lutadores em 2ª classe no Sumô.

JONO KUSHI *[djô-nô-cuxí]* – grupo de 80 lutadores em 1ª classe no Sumô.

JORYO *[djôriô]* – grupo de 26 lutadores no Sumô.

JOSEKI *[djôsêquí]* – local de honra e respeito no Dojo. Situa-se do lado esquerdo do "Kamiza".

JOSEKI NI REI *[djôsêquí-ni-rêi]* – "...Cumprimentem o local de honra e respeito...". Termo usado dentro do Dojo.

JO-TORI *[djô-tôrí]* – o atacante, na prática com bengala ou bastão curto.

JU *[djú]* – suave, solto, livre, dócil, etc. Também se diz do número dez.

JU NO KATA *[djú nô catá]* – são divididos em uma série de quinze técnicas, dentro de três grupos, a saber: 1º grupo: Tsuki-Dachi, Kata-Oshi, Rio-Te-Dori, Kata-Mawashi e Ago-Goshi; 2º grupo: Kiri-Otoshi, Rio-Kata-Oshi, Naname-Uchi, Kata-Dori e Kata-Te-Age; 3º grupo: Obi-Tori, Mune-Oshi, Tsuki-Age, Uchi-Oroshi e Rio-Gan-Tsuki.

JU NO RI *[dju nô rí]* – o princípio do "JU".

JUBAN-NO-MA-AI *[djubân-nô-má-aí]* – distância correta a ser mantida entre dois lutadores.

JUBIN-TAISHO *[djubin-taixô]* – preparativos, exercícios de ginástica.

JUDÔ *[djudô]* – caminho suave. Esta modalidade de luta é oriunda do Ju-Jitsu, pois o seu idealizador e criador, grande mestre Jigoro Kano era praticante de modalidades de Ju-Jitsu da época. Assim, depois de estudar, analisar, pesquisar e sistematizar, esse mestre aboliu diversas técnicas consideradas por ele traumáticas e que facilmente causariam ao oponente transtornos, prejuízos e machucões sérios que poderiam causar-lhes até a morte, e assim, criou o seu famoso Judô, que quer dizer: Caminho Suave ou Caminho da Suavidade. Esse mestre após treinar outras modalidades, entre

essas; o Kito-Ryu, Yoshin-Ryu e o Tenjin-Shinyo-Ryu, absorveu grande conhecimento técnico junto às suas pesquisas literárias, solidificando as suas idéias de criar uma modalidade diferenciada do Ju-Jitsu tradicional, e que pudesse ser utilizada como modalidade esportiva também. Estudou também o Sekiguchi-Ryu e Seigo-Ryu, analisando também as técnicas do Sumô. O mestre Jigoro Kano, nasceu em 1860 e faleceu em 1938, antes porém, além de definir e nominar o seu estilo de luta, Judô, fundou a Kodo Kan, inclusive com ajuda do próprio governo japonês. Ver Jigoro Kano.

JUDO-GI *[djudôgí]* – nome do uniforme para a prática do Judô.

JUDO-JO *[djudô-djô]* – sala ou local destinado a prática do Judô.

JUDO-KA *[djudô-cá]* – praticante do Judô.

JUJI *[djudji]* – cruz, cruzado, em cruz.

JUJI GATAME *[djudjí-gatamê]* – técnica de chave de braço. Imobilização.

JUJI-GARAMI *[djudji-garamí]* – técnica em que o oponente é derrubado com os braços cruzados.

JU-JUTSU, JIU-JITSU *[dju-djutsu]* – literalmente quer dizer, técnicas suaves, métodos suaves, estilos suaves, etc. É o nome empregado para denominar todas as antigas Artes Marciais japonesas, que utilizam não só o combate corpo a corpo sem armas

Técnica de imobilização do antigo Ju-Jutsu.

107

juji-uke   jun-tsuki

"tai-jutsu", como também as que utilizam armas como: kusarigama, bastão, arco e flecha, lança, arma de fogo, faca, ressuscitação, corda, etc., como por exemplo: Ken-jitsu; Aiki-jitsu, Karate-jitsu; Araki-ryu kogusoku; Asayama Ichiden-ryu heiho; Daito-ryu aiki-ju-jutsu; Higo Ko-ryu naginata-jutsu; Hokushin-Itto-ryu ken-jutsu; Hontai Yoshin-ryu ju-jutsu; Hozoin-ryu Takada-há so-jutsu; Hyoho Ni-ten Ichi-ryu ken-jutsu; Isshin-ryu kusarigama-jutsu; Kage-ryu batto-jutsu; Kashima Shinden Jikishin-gake-ryu ken-jutsu; Kashima Shin-ryu ken-jutsu; Kashima Shinto-ryu ken-jutsu; Katayama Hoki-ryu iai-jutsu; Koken Itto-ryu ken-jutsu; Kurama-ryu ken-jutsu; Maniwa Nen-ryu ken-jutsu; Mizoguchi-há Itto-ryuken-jutsu; Muso Shinden-ryu iai-jutsu; Ono-há Itto-ryu ken-jutsu; Owari Kan-ryu so-jutsu; Sekiguchi Shinshin-ryu ju-jutsu; Shingyoto-ryu ken-jutsu; Shinmuso Hayashizaki-ryu batto-jutsu; Shindo yoshin-ryu ju-jutsu; Yoshin-ryu ju-jutsu; Tenshin-ryu ju-jutsu, etc. Ver Jiu-Jitsu.

JUJI-UKE *[djudjí-uquê]* – defesa em cruz ou defesa cruzada.

JUMU *[djumú]* – nome de um antigo Kata do Karatê-Dô, originário da região de Shuri (Shuri-Te) da ilha de Okinawa.

JUN *[djun]* – ir à frente, avançar, etc.

JUNI *[djúní]* – nome de um antigo Kata, originário da região de Shuri (Shuri-Te), da ilha de Okinawa.

JUN-TSUKI *[djun-tsuquí]* – soco em perseguição, ir para frente socando. Normalmente, utiliza-se para esse soco o base "Zenkutsu-Dachi" ou "Han-Zenkutsu-Dachi".

JURUKU *[djurucú]* – nome de um antigo Kata, originário da região de Tomari (Tomari-Te), da ilha de Okinawa.

JUSHIN *[djuxín]* – o centro de gravidade, o "HARA", ou seja, "TANDEN". Região onde está situada a quatro dedos abaixo do umbigo.

JUTSU, JITSU *[djútsú]* – Arte Marcial, modalidade de luta, etc. Estilo, forma, escola, modo, sistema, maneira, etc.

JYU-IPPON-KUMITE *[djiiú-ipôm-cumitê]* – luta livre por um ponto. Treino livre de luta, onde o atacante utiliza um só golpe.

K

KABUKI (kanbuki) *[cabuquí]* – teatro.

KACHI *[catxí]* – vitória, vencedor, vitorioso, etc.

KACHI-NO-KI *[catxí-nô-quí]* – luta com espadas em fila, contra vários adversários, sendo que o vencedor (aquele que obtém mais pontos) continua lutando.

KAESHI, GAESHI *[caêxí]* – contra-ataques, defesa de um ataque.

KAESHI-JIME *[caêxí-djimê]* – queda em estrangulamento, golpe de Judô e Jiu-Jitsu.

KAESHI-WAZA *[caêxí-uazá]* – conjunto de todas as técnicas de contra-ataques.

KAETE *[caêtê]* – virar para o lado em guarda de mão.

KAGAMI-BIRAKI *[cagâmí-biraqí]* – cerimônia do início do Ano Novo na Kodo-kan, no Japão.

KAGI *[caqí]* – horizontal.

111

kagi-zuki, tsuki   **kaiten**

KAGI-ZUKI, TSUKI *[cagí-tzuquí]* – soco curto, efetuado na horizontal, normalmente em frente ao corpo de quem o executa.

KAI *[caí]* – escola, associação, grupo, reunião, grêmio etc.

KAICHO *[caítxô]* – chefe de um Dojo. Diz-se também do fundador de uma escola ou um Dojo.

KAIKEN-TANTO *[caiquên-tantô]* – arma. Espécie de adaga.

KAISETSU *[caisêtsú]* – explicação, indicação.

KAISHO *[caixô]* – diretor. Também se diz Kansho.

KAISHU *[caixú]* – superior, avançado, adiantado.

KAISHU-KATA *[caixú-catá]* – Kata superior, ou mesmo avançado.

KAISHU-KOSA-UKE *[caixú-côsa-uquê]* – movimento de defesa com as mãos abertas ao mesmo tempo. Podemos encontrá-los nos Katas Sei-shan, Hangetsu, etc.

KAISHU-RYOWAN-KAMAE *[caixú-riouân-camaê]* – postura em que o lutador desce as mãos abertas até a linha das pernas. Podemos encontrar esse movimento nos Katas Sei-shan, Hangetsu.

KAISHU-WAZA *[caixú-uazá]* – técnicas superiores.

KAISHU-YAMA-KAMAE *[caixú-iamá-camaê]* – postura em que o lutador eleva as mãos abertas acima da cabeça, formando um ângulo de 90°. Esse movimento pode ser encontrado nos Katas Sei-shan e Hangetsu.

KAITEN *[caitên]* – virar, rolar, rodar, etc.

KAITEN-NAGE [cautên-naguê] – técnica de arremesso do Aikidô.

KAITSUKI [caítzuquí] – gancho no Karatê, aplicado com a mão.

KAIUN-NO-TE [caiún-nô-tê] – posição de guarda, em que se abrem os braços para as laterais, na altura dos ombros, em "Teisho-Uke", como no Un-shu ("Unsu") Kata.

KAKAE [cacaê] – abraço, com um só braço.

KAKARI-GEIKO [cacarí-guêicô] – treinamento normal dos golpes. No Aikidô, os lutadores ficam em fila, deslocando e atando um só oponente.

KAKATO [cacatô] – calcanhar.

KAKATO-GERI [cacatô-gêrí] – chute efetuado com o calcanhar.

KAKATO-JIME [cacatô-djimê] – chefe de estrangulamento do tornozelo.

KAKE [caquê] – em curva. Movimento em que se consegue projeção.

KAKE-DACHI [caquê-datxí] – uma das bases das Artes Marciais. O mesmo que Kosa-Dachi. Essa posição, os pés se cruzam, mais ou menos em forma de cruz.

KAKE-DAMISHI [caquê-damixí] – teste de força, exercícios, força.

KAKE-DORI [caquê-dôrí] – virar a defesa. Usa-se as costas das mãos para a defesa e guarda, fazendo em seguida a virada.

KAKE-GOE [caquê-gôê] – é um grito em voz alta e forte.

KAKEMONO [caquêmônô] – utensílios artesanais, confeccionados com tiras de papel pintado ou varetas fininhas, para a ornamentação dos Dojos e lares. Possuindo vários estilos e manifestações artísticas.

KAKE-UKE [caquê-uquê] – defesa com a mão em curva. Nesse caso, a mão que defende, toma uma posição direcionada para fora do corpo, com a intenção de prender o braço do oponente.

KAKE-WAZA [caquê-uazá] – conjunto de todas as técnicas de defesa com a mão em Kake, em Artes Marciais.

KAKIE [caquiê] – movimentos circulares com as mãos, nos quais se utiliza tensão, precisão das defesas, respiração e técnica, sendo, portanto, um treinamento característico do estilo "Goju-Ryu" do Karatê-Dô.

KAKIWAKE-UKE [caquiuaquê-uquê] – bloqueio feito com os dois braços, no Judô e no Jiu-Jitsu, como também no Karatê-Dô.

KAKU [cacú] – canto, ângulo.

KAKUTEI-JITSU [cacutêi-djítsú] – nome dado pelo povo japonês ao Kung Fu chinês – "Wu-Shu".

KAMA [câmá] – foice.

KAMAE [camaê] – guarda. Posicionamentos diversos, quanto no Karatê, Judô, Kendô, Aikidô, etc., como por exemplo: **Jodan no Kamae** – guarda alta (rosto); **Chudan no Kamae** – guarda média (tronco); **Gedan no Kamae** – guarda baixa (membros inferiores); **Hatsu soo no Kamae** e **Waki no Kamae**.

Kendô   Kung Fu "Wu Shu"   Karatê

KAMAE-KAETE *[camaê-caetê]* – em guarda para um lado e/ou para o outro. Virar em guarda para um lado e para o outro.

KAMAE-TE *[camaê-tê]* – guarda de mão.

KAMAKURA *[camacurá]* – período considerado o mais importante para o auge da casta samurai, entre 1192 a 1333. Ver Miyamoto Musashi.

KAMI *[camí]* – papel, cabelo, voar. Também se diz de coisas superiores, divinas.

KAMIDANA *[camidana]* – templo. Também se diz, casa da divindade ou casa dos Deuses. Normalmente usa-se essa nomenclatura para identificar os "pequenos templos" utilizados nos Dojo.

KAMI-HIZA-GATAME *[camí-rrizá-gatamê]* – golpe de estirar para fora as virilhas na posição de "Kiba-Dachi" ou "Shiko-Dachi".

KAMI-KASE *[camí-casê]* – "herói de Deus".

KAMI-SANKAKU-GATAME *[camí-sancacú-gatamê]* – golpe de aprisionamento no Judô e no Jiu-Jitsu.

KAMI-SHIHO-BASAMI *[camí-xirrô-bassamí]* – estrangulamento da parte superior no Judô e no Jiu-Jitsu.

KAMI-SHIHO-JIME *[camí-xirrô-djimê]* – estrangulamento superior oblíquo no Judô e no Jiu-Jitsu.

KAMI-SHIMO *[câmi-ximô]* – indumentária utilizada na Antigüidade pelos nobres samurais, especificamente da Era Kamakura. Espécie de colete ou casaco sem manga que era utilizado por cima de uma outra roupa. É uma espécie de colete.

KAMI-UDE-HISHIGI-JUJI-GATAME *[camí-udê-rrixiguí-djují-gatamê]* – golpe que consiste em forte

kamiza / kankabo

puxão do adversário, estando na posição do cavalo "Kiba-Dachi" ou "Shiko-Dachi".

KAMIZA *[camizá]* – local de honra e respeito, onde os praticantes do Budô de um Dojo fazem meditação e recebendo reverência especial. Nesse local se instala o "Kamidana", ou a foto do "Daí-Doshu". Ver Kamidana, Daí-Doshu.

KAMIZA NI REI *[camizá ní –rêí]* – "...Cumprimentem o local de honra, o templo, o Deus, ...". Comando dado aos praticantes de um Dojo, para a reverência ao "Kamiza", "Joseki", etc.

KAN *[cân]* – escola, universidade, faculdade.

› **KANBU UECHI** *[cânbú uêtxí]* nome do grande mestre, criador do estilo "Uechi-Ryu" de Karatê-Dô. Nascido na ilha de Okinawa em 1877, faleceu em 1948.

KANCHO *[cântxô]* – o chefe de um Dojo. Também é o nome usado para distinguir um fundador de uma escola ou de um estilo. Ver Kaisho.

KAN-GEIKO *[cân-guêicô]* – treinamento tradicional de inverno, feito no início de janeiro pela Kodo-kan, em Tokyo, no Japão.

KAN-GYAKU *[cân-guiacú]* – os espectadores dos campeonatos de Budô.

KANI *[câní]* – ato de estrangular, similar ao caranguejo. Golpe praticado na luta de solo no Judô e no Jiu-Jitsu.

KANKABO *[cancabô]* – nome de um antigo Kata, treinado pelos antigos mestres da ilha de Okinawa. É um Kata originário da região de Naha (Naha-Te), desta ilha.

KANKU (DAÍ/SHO) *[cancú (daí/xô)]* – Kata originário da região de Shuri (Shuri-Te) da ilha de Okinawa, praticado pela escola Shotokan-Ryu. Quer dizer: Olhar para o céu. Esse Kata divide-se em dois, a saber: Kanku Daí e Kanku Sho. Existem outros similares, com os nomes antigos, que são: Kushanku Daí e Kushanku Sho, praticado por outras escolas como Shorin-Ryu, Wado-Ryu, Shito-Ryu, etc. O seu nome é uma reverência ao Sol, e em alguns estilos, reverencia-se o grande mestre chinês Kwang Shang, por ter sido um importante personagem em Okinawa, na época da aparição do Okinawa-Te. Kushanku.

KANKU-DAÍ *[cancú-dái]* – grande reverência ao mestre ou ao sol nascente. Ver Kanku.

KANKU-SHO *[cancú-xô]* – pequena reverência ao mestre ou ao sol nascente. Ver Kanku.

KANRYU HIGAONNA (Higashionna) *[cânriô rrigaôná]* – um dos mais antigos e influentes mestres do Okinawa-Te. Nascido em Okinawa, em 1845 e falecido em 1916.

Kanryu Higaonna
(1845 - 1916)

KANSA *[cânsá]* – supervisor, auxiliar. Nome dado ao árbitro anotador nas regras de competição. Normalmente é o árbitro que atua sentado logo atrás do árbitro central que, além de fazer as anotações de praxe, mantém-se atento à luta, para oferecer uma possível posição sua quando solicitado.

KANSEI-GERI *[cânsêi-guêrí]* – chute aplicado de baixo para cima, estando no solo deitado ou de cócoras.

KANSEI-MAHANMI-NO-NEKOASHI-DACHI *[cânsêi-marrâmi-nô-nêcôaxí-datxí]* – conjunto de guarda, em que o executante normalmente o faz nos Katas Chin-to e Gankaku. Base esta que se assemelha à "Kokutsu-Dachi" ou a "Mahanmi-no-nekoashi-Dachi". As armas utilizadas são "Shuto-Barai".

KANSETSU *[cânsêtsú]* – articulação.

KANSETSU-GERI *[câsêtsú-gêrí]* – chute na articulação.

KANSETSU-WAZA *[cânsêtsú-uazá]* – conjunto de técnicas de articulações.

KANSHIWA *[cânxiuá]* – antigo Kata, originário da região de Shuri (Shuri-Te) da ilha de Okinawa.

KANSHO *[cânxô]* – o chefe de um Dojo. Também é o nome usado para designar um fundador de uma escola ou estilo de Arte Marcial.

KANUKI *[cânuquí]* – barragem, trava, barreira transversal, etc.

KANUKI-GATAME *[cânuquí-gatamê]* – golpe de estiramento usando a barreira transversal.

KAO *[caô]* – rosto, face.

KAPPO *[capô]* – a arte de golpear os pontos vitais. Também de reanimação.

KARA *[cará]* – vazio, limpo, livre, etc.

KARADA *[caradá]* – o corpo, como um todo.

KARADA SABAKI *[caradá sabaquí]* – é toda a movimentação do corpo.

KARATÊ *[caratê]* – mãos vazias. Arte Marcial oriunda do Okinawa-Te da ilha de Okinawa, que por sua vez, sucedeu o Shorin Ji Kenpo, do mosteiro Shaolin da China, e como sua raiz, considera-se o *Vajramushti* da Índia, portanto, seu nascimento genealógico ocorrido há mais de 2.000 anos. No que tange ao Karatê-Dô propriamente dito, a sua origem foi na ilha de Okinawa, conforme dados históricos, atribui-se ao grande mestre Sokon Matsumura (1809-1896) nas primeiras exibições das técnicas do Okinawa-Te, no entanto, já existiam na região outros mestres que por lapso ou esquecimento de alguns autores, a história não cita: Peichin Takahara, Chatan Yara, Ku-Shan-Ku, etc., de origem chinesa, e que com certeza tiveram papéis bastante significativos para a instalação e proliferação do Kenpo Chinês (chamado de To-De – Mãos de Okinawa, pelos moradores da ilha), conseqüentemente o Karatê-Dô.

Praticante do karatê executando "yoko-geri"

Após alguns anos, contribuíram também para sua codificação, divulgação e expansão os mestres: Kanryu Higaonna "Higashionna" (1845-1916), Itosu Yasatsune "Anku" (1832-1916), Chojun Miyagi (1885-1953), Choku Motobu (1871-1944), Agena (1870-1924), Kyan Chotoku (1870-1945), Kanbu Uechi (1877-1948), Kenwa Mabuni (1887-1957), Hokan Soken (1889-1973) e o próprio Gichin Funakoshi (1869-1957). Quando da aparição do Okinawa-Te no Japão, levado por uma equipe de mestres de Okinawa, liderados pelo grande mestre Gichin Funakoshi, essa modalidade foi aceita com muito entusiasmo pelo povo japonês, haja vista que os japoneses já conheciam outras modalidades de lutas, sendo, portanto, grandes guerreiros, destacando-se a classe dos samurais. Já no Japão, grandes mestres se destacaram posteriormente com seus importantes trabalhos, como: Gogen Yamaguchi, Hironori Otsuka, Masutatsu Oyama, Tomoyori Takamasa, Teruo Hayashi e mais recentemente, Yoshinao Nanbu, que criaram e nominaram os seus grandiosos estilos de Karatê-Dô, entre eles: Goju-Ryu, Wado-Ryu, Shotokan-Ryu, Shito-Ryu, Kenyu-Ryu, Sanku-Ryu, Shorin-Ryu, Shorei-Ryu, Uechi-Ryu, Ishin-Ryu, etc. A palavra Karatê, surgiu por imposição do povo japonês, pois esse povo vivia em guerras constantes com a China, e não admitia nada que tivesse essa cultura, assim, foi modificado o próprio "kanji" e passa a ser chamada de Karatê – Kara: vazio (da filosofia Zen-budista: esvaziar a mente, manter corpo e mente unidos à natureza, etc.) e Te: mão.

KARATÊ-DÔ *[caratê-dô]* – caminho das mãos vazias. Partícula "DÔ" inserida na palavra Karatê, aconteceu logo que essa modalidade deixou de ser praticada como arte militar propriamente dita, onde utilizava o termo "JITSU". A idéia, foi de descaracterizar a modalidade Karatê de arte de guerra para uma arte filosófica, sem no entanto perder a sua marcialidade. Ver Karatê.

KARATÊ-GI *[caratê-guí]* – uniforme do Karatê.

KASEI-GERI *[cassêi-guêrí]* – chute aplicado de baixo para cima, estando no solo deitado ou de cócoras. Ex.: "No Un-Shu Kata".

KASETSU *[casêtsú]* – explicação, indicação.

KASHIRA, GASHIRA *[caxirá]* – cabeça, alto, em cima, sobre.

KASHIRA-GATAME *[caxirá-gatamê]* – faixa almofadada, posição de apoio no Judô.

120

KASURE-HIZA-MAKI-KOMI [casurê-rrizí-maquicômí] – golpe de giro, durante a queda no Judô e no Ju-Jitsu.

KASURE-KAMI-SHIRO-GARAMI [casurê-camí-xirôgaramí] – golpe de imobilização, no Judô e no Ju-Jitsu.

KASURE-KESA-GATAME [casurê-quêsa-gatamê] – apressamento da faia, golpe de imobilização.

KASURE-NO-JOTAI [casurê-nô-djôtai] – perda de equilíbrio antes do golpe, no Aikidô e no Ju-Jitsu.

KASURE-YOKO-SHIHO-GATAME [casurê-iôcôxirrô-gatamê] – apresamento da cabeça, em quatro ângulos, imobilização no Judô e no Ju-Jitsu.

KATA [catá] – forma. Também se diz ombro. É o nome dado às lutas imaginárias demonstradas e/ou treinadas pelos budokas (karatecas, judocas, aikidocas, kendocas etc.), nas quais os lutadores imaginam estar lutando contra vários adversários.

KATA-DORI [catá-dôrí] – segurar no ombro, ou pelo ombro.

KATA-GURUMA [catá-gurumá] – transformar o ombro em roda. Rodar pelo ombro. Nome de uma técnica de projeção utilizada no Judô e no Ju-Jitsu.

Kata-Guruma

121

kata-há   **katana**

KATA-HÁ [catá-rrá] – a metade, meio.

KATA-HÁ-JIME [catá-rrá-djimê] – estrangulamento desferido pelas costas, no Judô e no Ju-Jitsu.

KATA-HÁ-SHIME [catá-rrá-ximê] – o mesmo que Kata Há Jime.

KATA-HIZA-DORI [catá-rrizá-dôrí] – base específica de alguns Katas, como: Chin-to, Pin-an Go-dan, etc.

KATAI [catái] – rígido, duro, imóvel.

KATA-JIME [catá-djimê] – golpe de estrangulamento formal no Judô e no Ju-Jitsu, onde se utilizam as duas mãos, por dentro da gola do "kimono" do adversário.

KATA-JUJI-JIME [catá-djudji-djimê] – golpe de estrangulamento formal, onde uma das mãos que está dentro da gola do oponente, está voltada ao contrário, isto é, o polegar se coloca por dentro da gola e os demais dedos permanecem por fora.

KATAME [catamê] – solo, chão, etc.

KATAME-WAZA [catamê-uazá] – conjunto de técnicas de solo.

KATANA [cataná] – espada. É uma das espadas que compõem o arsenal do Samurai. A descoberta da Katana é anterior ao ano 600 de nossa era, levando-se em conta que a história do Japão se divide em duas fases, uma chamada mitológica – Era dos Deuses que vai até o ano 600 (d. C.), e a outra da era Cristã aproximadamente, e, graças a isso, se conseguiu exterminar os invasores e montar a primeira capital administrativa, Naha, inaugurada em 710. No ano 794 a capital foi transferida para Heian, atual

122

Kyoto. A espada chegou ao Japão através dos invasores do Arquipélago que trouxeram consigo o arco e flecha, e a espada reta – "ken". Como não havia comunicação com o continente, a tentativa de desenvolver algo semelhante à espada era frustrada. Naquele tempo o povo japonês não sabia como transformar o ferro em aço. Eles pensavam que era só amassar, como massa de pão, pois, não sabiam que a química do carbono em contato com o ferro originava o aço. Até chegar a esse ponto, as espadas quebravam-se bastante e somente após 1000 anos de tentativa, um artesão japonês, por acaso, curvou a lâmina da espada ao imergir a mesma quente em água fria e durante uma luta ela não quebrou. O imperador chamou o artesão de nome Yamato e o elogiou. Assim surgiu a katana (espada curva) durante o período Naha. A partir daí o seu uso pelos samurais e outros guerreiros era condição insubstituível, principalmente para que esses fossem contratados pelas famílias dominantes daquele arquipélago. As primeiras famílias a fomentarem e manterem o desenvolvimento e uso da espada foram: Kamakura, Fujiwara, Taira e Genji.

Katana

KATANA SUJI *[cataná sudjí]* – é o posicionamento da espada.

KATA-OSAE-GATAME *[catá-ôsaê-gatamê]* – golpe de agarramento, no Judô e no Ju-Jitsu.

KATA-SODE-DORI *[catá-sôdê-dôrí]* – segurar na gola, ou pela gola.

katate **kei**

KATATE *[catátê]* – só um braço, só uma mão; soco com uma só mão, no Kendô.

KATA-TE-JIME *[catá-tê-djimê]* – estrangulamento com as mãos.

KATATE-TORI *[catátê-tôrí]* – ataque desferido com uma só mão ou um só braço.

KATA-UDE-DORI *[catá-udê-dôrí]* – apresamento do cotovelo direito no Goshin-Jitsu.

KATSU *[catsú]* – vencer, ganhar. Também diz-se o nome de uma massagem.

KATSUGI-WAZA *[catsuguí-uazá]* – técnicas de defesas e esquivas, no Aikidô.

KAWAISHI *[cauaixí]* – sistema baseado no método de ensino de Mikinousuki Kawaishi, como o Gokyo-no-kaisetsu (Kodo-kan). Sua subdivisão ou classificação se faz igualmente em cinco grupos, possuindo ao todo 60 técnicas em escala crescente de golpe de arremesso e de chão. Ver apêndice I.

KAWASHI *[cauaxí]* – esquiva, desvio, quebra de corpo, etc.

KE-AGE *[quê-agê]* – para cima, ascender. Nome dado aos ataques ou defesas, efetuadas para cima. Nome do pontapé usado nas apresentações de defesas individuais no Kime-no-Kata".

KEHANASHI-GERI *[quêrranaxí-guêrí]* – golpe aplicado com a faca do pé, para o lado e para cima, similar ao "Yoko-Geri-Keage".

KEI *[quêi]* – sistema, método, estilo, forma, etc.

keiko   **kendo**

KEIKO *[quêicô]* – o treinamento das Artes Marciais. Também é o golpe desferido com as pontas dos dedos unidos, em forma de bico de galo.

KEIKO-GI *[quêicô-gí]* – uniforme para a prática das Artes Marciais.

KEIKOKU *[queicôcú]* – penalidade. Termo usado pela arbitragem das Artes Marciais, e de algumas outras modalidades, para penalizar um ou mais atletas, por uma transgressão ou violação dos regulamentos. Nesse caso, o atleta não penalizado poderá receber um benefício de meio ponto (Wazari).

KEITO-UKE *[quêitô-uquê]* – técnica de bloqueio com a mão no Karatê, normalmente com "Ippon-Nukite".

KEKOMI-DOJI-HIKI-YOSE *[quêicômí-dôdjí-rridjí-iôsê]* – conjunto de técnicas em que o lutador agarra o oponente, puxando-o para si e ao mesmo tempo aplicando-lhe um chute em profundidade, como por exemplo: "Yoko-Geri-Kekomi", "Mae-Geri-Kekomi", etc.

KEN *[quên]* – lâmina, espada. Também se diz do soco (mão fechada).

KENDO *[quêndô]* caminho da espada. A arte japonesa do manejo da espada. A origem do Kendô remonta a história do passado, há mais de 657 anos a.C., isso, remonta a idade dos Deuses. Desde épocas remotas não se limitava só à defesa pessoal, ou à sua utilização em guerras, mas, continuava com outro objetivo, que era adquirir um espírito. No transcorrer da história houve algumas fases em que o homem desinteressou-se do aprendizado, e outras em que se dedicava assiduamente. Assim,

125

Lutadores de Kendô

foram inúmeras as dificuldades para essa arte chegar aos nossos dias. Durante a história, a sua prática provocava muitas vítimas e mutilações desnecessárias em seus treinamentos, assim, foram criados o Bokuto 'Kukuto' – espada de madeira maciça, como também o Bokken – um outro tipo de espada de madeira. Mas, mesmo assim, continuava a gerar vítimas e as intermináveis mutilações. Por volta de 1710 Era Shotoku (1711 – 1716) de nossa era, foi criada a espada de bambu, pelo mestre chamado Naganuma Shirozaemon Kunisato, da escola Jiki-Shinkage-Ryu, inclusive, o primeiro a adotar o uso do Kote – protetor de pulso e antebraço e o Men – protetor de cabeça, considerado menos perigoso para os treinos, que é utilizado até hoje, composto de tiras de bambu, couro, etc., e é chamada de Shinai. Por volta de 1740, inspirados nos escudeiros japoneses, os mestres espadachins improvisaram protetores de tórax e de crânio, bem como as luvas, entre esses, o mestre Nakanishi Tanemasa adotou o Do – protetor de tórax e/ou abdome, e o Tare – protetor da pélvis, isso no período Horeki (1751 – 1764). O Kendô, tem sua influência provavelmente da China. Originalmente as espadas japonesas não tinham o aspecto curvo como as atuais, mas eram retilíneas-planas de concepção estrutural primitiva. As espadas atuais e as pesadas armaduras, que eram confeccionadas com couro, bambu seco, etc., apareceram por volta de 940 d.C..

KENDO-GI *[quêndô gí]* – uniforme do Kendô. Ver Hakama.

KENDOKA *[quêndôcá]* – praticante do Kendô.

KENEY MABUNI *[quênêi mabuní]* – filho do grande mestre Kenwa Mabuni, criador do Shito-Ryu Karatê-Dô. Hoje, esse mestre é o responsável geral pelo estilo no mundo.

KEN-JITSU *[quên-djítsú]* – nome do antigo Kendô. É a arte de defender-se com a espada. Modalidade muito antiga antecessora do Kendô. A prática do Ken-Jitsu na Idade Média japonesa, era uma forma de sobrevivência, e por outro lado, o orgulho dos Samurais.

Keney Mabuni

KEN-KARU *[quên-carú]* – campeão espadachim.

KEN-KEN *[quên-quên]* – lutas repetidas com arremessos rápidos, "saltos corretivos".

KENPO (KEMPO) *[quêmpô]* – constituição, lei, regulamento. Nome de uma modalidade de luta, originária da China, especificamente do templo Shaolin. Também é o nome empregado pelos japoneses para as lutas chinesas.

KENSEI MABUNI *[quênsêi mabuní]* – nome do grande mestre do Shito-Ryu Karatê-Dô. Filho de Kenei Mabuni e neto do Mestre fundador do estilo Kenwa Mabuni. Hoje, é responsável como autoridade máxima pela modalidade em todo o mundo.

KENSIN *[quênxin]* - deixar pendurado nos braços.

127

KENSUI-JIME *[quênsuí-djimê]* – golpe de estrangulamento do Judô e do Ju-Jutsu. Estrangulamento com o dorso do pé, no arremesso.

KENTAI ITCHI *[quentáí itxí]* – é a união de dois posicionamentos importantes no Kendô, ou seja, avanço e espera unificados.

KENTSUI *[quêntsuí]* – nome dado a uma das armas naturais do corpo humano, localizada na mão fechada, ou seja, a borda da mão fechada (posicionamento do martelo).

KENWA MABUNI *[kênuá mabuní]* – nome do grande mestre, criador do estilo "Shito-Ryu" de Karatê-Dô. Nasceu na ilha de Okinawa em 1889, e faleceu em 1952, descendente da classe de guerreiro okinawano, cujos antepassados serviram os senhores de Okinawa por centenas de anos. Com a idade de 13 anos, começou o seu treinamento sob a tutela do mestre Yasutsune Itosu na aldeia de Shuri. Mais tarde, vai treinar também com o mestre Kanryo Higaonna na aldeia de Naha. Esses mestres eram as maiores autoridades do Okinawa-Te na ilha, e considerados os fundadores desses "TE", como: Shorin-Ryu e Shorei-Ryu. Kenwa Mabuni, treinou com esses mestres por 20 anos, até a morte dos mesmos. Continou seus

Kenwa Mabuni
(1889 - 1952)

estudos e treinamento voltado às armas tradicionais de Okinawa, incorporando também elementos do *Wu-Shu* (Kung Fu) ao seu futuro estilo. A intensidade e obstinação para se aprofundar nessa modalidade, o deixou com um vasto conhecimento e bastante informações sobre o Okinawa-Te. Assim, definiu-se o seu sistema de "Karatê", fundando o Shito-Ryu Karatê-Dô, com um grande número de *Katas*, versatilidade técnica e a inclusão de armas em suas instruções. O nome Shito-Ryu, é uma alusão e referência aos seus dois professores: Itosu e Higaonna. Mais tarde, recebeu do imperador como recompensa pelos seus relevantes serviços prestados à nação nipônica com as Artes Marciais, a crista familiar o "MON" um círculo com quatro barras. Essa era uma grande honra como nenhuma família poderia reivindicar o uso deste símbolo. Colocando o kanji dentro do símbolo "MON" representa a linhagem história do Shito-Ryu Karatê-Dô, e representa a pura e inalterada tradição do Nippon Seito Shito-Ryu Kai.

KENYU-KAI *[quêniú-cái]* – nome de uma escola do Karatê-Dô que ensina o estilo "Kenyu-Ryu", criado pelo grande mestre Tomoyori Takamassa.

KENYU-RYU *[quêniu-riú]* – nome do estilo de Karatê, com estrutura e filosofia similar aos estilos "Goju-Ryu" e Shito-Ryu" de Karatê-Dô, por ser um estilo oriundo desses dois. Seu criador foi o grande mestre Tomoyori Takamassa.

KEPPAN *[quêpân]* – juramento de sangue.

KERI *[kêrí]* – chute, chutar. O mesmo que Geri.

KERI-WAZA *[quêrí-uazá]* – conjunto de todas as técnicas de chutes.

KESA *[quêsá]* – faixa. Os monges budistas usam uma comprida faixa de pano enrolada no corpo como vestimenta, que também recebe o mesmo nome.

KESA-GARAMI *[quêsá-garamí]* – chave de estiramento com o uso da faixa, no Judô e no Ju-Jitsu.

KESA-GATAME *[quêsá-gatamê]* – apresamento da faixa.

KESA-KIRI *[quêsá-quirí]* – o corte diagonal com a espada.

KETTE *[quêtê]* – chute. Termo muito usado em técnicas de "atemi" nas escolas tradicionais de Artes Marciais japonesas.

KETTE-GYAKU-TSUKI *[quêtê-guiacú-tzuquí]* – diz-se do chute e soco quase simultâneos.

KETTE-JUN-TSUKI *[quêtê-djun-tzuquí]* – diz-se do chute e soco quase simultâneos.

KI *[quí]* – energia interior. Espírito, garra, etc. Diz-se da energia natural do homem.

KIAI *[quiaí]* – grito. É o grito de ataque e defesa usado nas Artes Marciais japonesas, com a finalidade de absorver uma maior energia no momento do golpe. Também tem o propósito de atemorizar o adversário, ou até mesmo paralisá-lo impedindo-lhe a defesa. Séculos atrás, tinha-o como uma arte o Kiai-Jutsu.

KIAI-JITSU *[quiai-djítsu]* – artes do grito. Tida como uma Arte Marcial da Antigüidade, onde se utiliza para cura através dos sons.

KIBA-DACHI *[quiba-dátxí]* – nome de uma das bases das Artes Marciais. Postura dos pés. Também se diz, posição do cavaleiro montado. Posição do cavalo ou cavaleiro.

KI-GUARAI [quí-guaraí] – brio, vergonha, conduta exemplar, etc.

KIHON [quirrôn] – estudo básico, livro básico, fundamentos básicos, etc. Diz-se das técnicas básicas de um estilo de Arte Marcial.

KIHON-IPPON [quirrôn-ipôm] – treinamento das técnicas básicas, executando-se um golpe de cada vez.

KIHON-IPPON-NUKITE [quirrôn-ipôm-nuquitê] – primeira série básica de luta.

KIHON-KATA [quirrôn-catá] – formas básicas. São Katas básicos de uma escola de Budô.

KIHON-KUMITE [quirrôn-cumitê] – são os treinamentos básicos do "Jiyu-Kumite". No que diz respeito à escola Wado-Ryu, há uma série de treinamentos, nos quais são empregadas além das técnicas convencionais do Karatê-Dô, técnicas do "Shindo Yoshin-Ryu Ju-Jitsu", com um número de 10 conjuntos. Sabendo-se que algumas escolas, esses conjuntos se estendem a 15. O seu linguajar é utilizado da seguinte forma: Ippon-me; Nihon-me; Sanbom-me; Yon-hon-me; Gohon-me; Roppon-me; Nana-hon-me; Hachi-hon-me; Kiu-hon-me; Jiu-hon-me; Jiu-ippon-me; Jiu-nihon-me; Jiu-sanbom-me; Jiu-yon-hon-me e Jiu-gohon-me.

KII [quíi] – tachibana, flor, harmonia, paz.

KII-KUU-KAI [kii-cúu-caí] – escola do Karatê e da flor "Tatibana". Escola essa fundada no Brasil em 1977 pelo mestre Susumu Suzuki (1945 – 1997). Quando o mestre Susumu Suzuki chegou aqui no Brasil, ostentava a graduação de 4º Dan. Atuou como Diretor Técnico da Wado-Kai do Brasil e

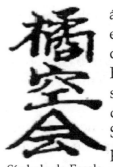
Símbolo da Escola Kii-Kuu-Kai

árbitro coordenador desta mesma entidade, desde 1975, ano de sua chegada, a 1976. Ao fundar a Kii-Kuu-Kai, em 1977, implantou um sistema de treinamento muito usado pelos atletas japoneses. Sensei Susumu Suzuki foi um exímio competidor no Japão, chegando ser várias vezes campeão japonês de Karatê inclusive universitário Wado-Ryu. Esses treinamentos consistem em "Shado" – sombra, e "Yakusoku-Kumitê" – treinamento combinado, ou seja, aplicação do Shado. Ocupou vários cargos na **FPK** – Federação Paulista de Karatê, **CBK** – Confederação Brasileira de Karatê, como também na **SUKO** – South American Karatê-Dô Organization como representante do estilo "Wado-Ryu" na América do Sul. Até então sua diretoria era composta pelos seguintes professores: Fundador Presidente – Sensei Susumu Suzuki; Diretor Geral – Antonio Cosme Iazzette D'Elia, Diretor Técnico – Ivon da Rocha Dedé e Diretor (SP/MG) – José Grácio Gomes Soares. Com o seu retorno ao Japão, por motivo de doença, em maio de 1995, foi constituída uma nova diretoria para dirigir a Kii-Kuu-Kai não só no Brasil, mas também na América do Sul. São os seguintes professores: Presidente – Antonio Cosme Iazzette D'Elia; Diretor Técnico – Ivon da Rocha Dedé e Diretor – José Grácio Gomes Soares. A Kii-Kuu-Kai continua ser uma entre outras organizações a representar o estilo Wado-Ryu em toda a América do Sul, transmitindo na íntegra o legado deste grande mestre, Sensei Susumu Suzuki. Ver Susumu Suzuki.

KII-KUU-KAI NO UTA *[quii-cuú-cái nô utá]* – hino, canção, marcha da escola "Kii-Kuu-Kai".

KIIRO *[quiírô]* – amarelo. Cor amarela.

KIKEN *[quiquên]* – golpes mútuos. Termo usado nas regras de competição, quando os lutadores aplicam seus golpes simultâneos um contra o outro.

KI-KEN-TAI *[quí-quên-táí]* – é a atitude de golpear o oponente com toda concentração.

KIMA *[quimá]* – cavalgar, andar a cavalo.

KIME *[quimê]* – condição máxima de concentração, técnica e força na aplicação do golpe, na defesa e na postura.

KIME-NO-KATA *[quimê-nô-catá]* – um dos Katas de faixas pretas do Judô e de alguns estilos de Ju-Jitsu. É composto de aplicações práticas como de defesa pessoal (Goshin-Jitsu), quando aplicado contra ataques traumáticos. Muitos estudiosos acreditam ter sido criado por Gichin Funakoshi quando foi hospedado na Kodo-kan pelo mestre Jigoro Kano.

KIME SHIKI *[quimê xiquí]* – o ponto mais sério de uma luta.

KIMONO *[quimônô]* – roupa de banho ou roupa suja. Diz-se também erradamente do uniforme das Artes Marciais.

KIN-GERI *[quin-guêrí]* – chute na região genital.

KINOJI *[quinôdjí]* – o autocontrole, o espírito sob controle.

KINSHI-WAZA *[quinxí-uazá]* – conjunto de técnicas consideradas proibidas o seu uso dentro do Dojo, nos treinamentos corriqueiros, como também nas competições. Essas técnicas podem ser: ataques aos olhos, às articulações, à genitália, etc.

KINU *[quinú]* – seda.

KIRI *[quirí]* – cortar, partir, etc.

KIRI-GAESHI *[quirí-caêxí]* – treinamento básico, mas muito importante aos Kenshis.

KIRI-KOMI *[quirí-cômí]* – facada desferida por cima, no Kime-no-Kata. Também, diz-se da facada em profundidade com a ponta.

KIRI-OTOSHI *[quirí-ôtôxí]* – golpe desferido com a espada, no Kime-no-Kata. Também diz-se da facada desferida de cima para baixo.

KIRITSU *[quirítsú]* – levantar-se, erguer-se. Também diz-se "tomar posição de sentido".

KISHIN-WAZA *[quixín-uazá]* – conjuntos de técnicas consideradas proibidas o seu uso durante os treinos comuns dentro do Dojo.

KISSAKI *[quis'sáquí]* – a ponta da espada (katana).

KITO-RYU *[kitô-riú]* – nome de um antigo estilo de Jiu-Jitsu.

KIU (ku) – *[quíu]* – nove. Número nove. O mesmo que "Ku".

KIU-DAN *[quiú-dan]* – nono grau. Graduação hierárquica do Budô, outorgada aos Faixas Pretas de Artes Marciais japonesas.

KIU-JIU *[quiú-djiú]* – noventa. Número noventa.

KIZAMI-GERI *[quizamê-guêrí]* – chute em profundidade. Normalmente aplicado com a perna que se encontra à frente do corpo.

KIZAMI-TSUKI *[quizamê-tsuquí]* – soco em profundidade, aplicando normalmente a mão que se encontra à frente do corpo.

KO *[cô]* – pequeno. Também se diz rosto, face, etc.

KOAN *[côan]* – é usado na seita Rinzai de Zen-budismo, para designar a palavra ou frase de *"nonsense"* que não pode ser resolvida pelo intelecto, exigindo a transcendência da mente, condição *"sine qua non"* para a obtenção do Satori (estado de iluminação). Também é a pronúncia japonesa para designar o ideograma chinês *Kung Ahn* (Documento Público).

KOBANWA *[côbanuá]* – boa-noite.

KOBI-TOBI *[côbí-tôbí]* – defesa de um ataque por enganchamento ou agarramento.

KOBU *[côbú]* – armas.

KOBUDO *[côbudô]* – caminho das armas. É o conjunto de armas e técnicas de combate real, que integram o arsenal do "Kobudô", como por exemplo, Tonfa, Nunchaku, Bo, Sai, etc.

Ufuchiku Kinjo (1841-1926)- Dentre outros mestres que se destacaram na história das Artes Marciais de Okinawa, Ufuchiku Kinjo, mestre de ju-jitsu, especialista na arte do sai, é também conhecido como Kanii Ufuchiku.

Pechin Higa (1790-1870) - Grande mestre que se destacou no feudo okinawano como guarda-costas do rei e sua Corte quando das viagens a Edo no Japão. Possuía grande habilidade em diversas armas do Kobu-Jitsu, especialmente em Bo-Jitsu. Esse mestre também era conhecido como Machu Hija.

Tushitsugo Takamatsu (1887–1972)- Seu nome original era Jutaro Chosei, obtendo ainda, na região onde vivia, outros apelidos como: Nakamushi (menino chorão), Kikaku (chifres do demônio) e Moko no Tora (tigre mongol). Aos nove anos, começou a treinar técnicas de espada com Toda Shinryuken Masamitsu (Shinden Fudo Ryu Jutaijutsu, Gyokko Ryu Kosshijutsu, Shinden Koto Ryu Karatejutsu / Koto Ryu Koppojutsu, Gyokushin Ryu Ninjutsu, Kumogakure Ryu Ninjutsu e Togakure Ryu Ninjutsu). Mais ou menos aos 13 anos, começa a treinar com Takagi Yoshin Ryu Jutaijutsu de Yoshitaro Tadafusa; e a partir dos 17 anos, sob a responsabilidade de Ishitani Matsutaro Takekage aprendeu Kukishin Ryu, Hontai Takagi Yoshin Ryu e Gikan koppojutsu-Ryu.

Shiken Taira (6/12/1897 - 1970)- Renomado mestre do arquipélago de Ryu-Kyu, contribuiu consideravelmente para a divulgação, estudo e expansão do Kobudo, inclusive o Okinawa-Te, onde muitos mestres de nome em nosso meio no Karatê-Dô, obtiveram lições com esse professor.

KOBU-JITSU *[côbu-djítsú]* – a arte das armas de combate real. Ver Kobudo.

KOBUSHI-ATE *[côbuxí-atê]* – golpe ou soco desferido com os ossos do punho.

KOBUSHI-ATE-WAZA *[côbuxí-atê-uazá]* – conjunto de todos os golpe ou soco desferido com os ossos do punho.

KOCHIBUE *[côtxibúê]* – assobio.

KODACHI *[côdatxí]* – técnica de esgrima em que se utiliza uma pequena espada (2ª espada dos samurais).

KODANSHA *[côdanxa]* – categoria de mestres. Usualmente quando este porta a faixa preta e ostenta uma graduação a partir do 5º grau.

KODANSHA-KAI *[côdanxa-cai]* – associação, reunião ou comissão de mestres. Ver Kodansha.

KODO-KAN *[côdô-cân]* – entidade japonesa que dirige e controla mundialmente o Judô. Criada pelo grande mestre Jigoro Kano.

KOGUSOKU *[côgusôcú]* – conjunto de técnicas de defesa pessoal (Yawara).

KOKA *[côcá]* – pontuação nas regras de competição do Judô, que determina vantagem àquele que o detém.

KOKAN *[côcân]* – nome de um antigo Kata, originário da região de Shuri (Shuri-Te) da ilha de Okinawa.

KOKEN *[côquên]* – lado de fora do pulso, quando dobrado.

KOKEN-UCHI *[côquên-utxí]* – ataque com a parte de fora do pulso, quando dobrado.

KOKEN-UKE *[côquên-uquê]* – defesa executada com a parte de fora do pulso, quando dobrado.

KOKESHI *[côquêxí]* – bonecas asiáticas para dar sorte, em geral uma dentro da outra.

KOKO *[côcô]* – posição das mãos semelhante a boca aberta de um tigre. Técnica utilizada tanto no Karatê-Dô quanto em várias outras linhagens de Ju-Jitsu.

KOKO-HIZA-KUZUSHI *[côcô-rriza-cuzuxí]* – guarda em que o lutador desloca o corpo, juntamente com as duas mãos abertas, uma junta-se ao quadril e a outra efetua um bloqueio na altura do joelho adverso.

KOKORO *[côcôrô]* – espírito, alma, sentimento interior, coração, etc. Também pode ser dito "Sheishin" dependendo do sentido da expressão.

KOKUSAI *[côcússái]* – internacional, mundial.

KOKUSHI-ATE *[côcuxí-atê]* – golpe ou soco desferido com os ossos do punho, no Karatê-Dô.

KOKUTSU *[côcútsú]* – postura.

kokutsu-dachi   **koshi-kamae**

KOKUTSU-DACHI *[côcútsú-datxi]* – uma das bases utilizadas nas Artes Marciais. Postura das pernas.

KOKYU *[côquiô]* – exercícios respiratórios praticados ao fim das aulas do Budô, com o objetivo de aumentar o fluxo de energia – Ki. Também Kokyu Ryoku.

KOMI *[cômí]* – penetrar, aprofundar, entrar, etc.

KONICHIWA *[cônitxiuá]* – boa-tarde.

KONTEI *[côntêi]* – as pontas do Nunchaku.

KONTOH *[côntô]* – extremidade do Nunchaku, onde se prende a corrente.

KOOGI *[côôgui]* – competição, jogo, peleja.

KOSA *[côsá]* – juntos, ao mesmo tempo.

KOSA-DACHI *[côsá-datxí]* – o mesmo que "Kake-Dachi", uma das bases do Budô.

KOSA-UKE *[côsá-uquê]* – defesas juntas, ao mesmo tempo. Também "Morote-Uke".

KOSHI *[côxí]* – quadril, cintura. Também diz-se "Goshi".

KOSHIGA-MAE *[côxiga-maê]* – ataque frontal com o revólver.

KOSHI-GAMAE *[côxí-gamaê]* – guarda de quadril. Também diz-se do ataque frontal com o revólver.

KO-SHI-GARI *[cô-xí-garí]* – alfanje pequeno, recurvado, técnica de golpe de pés, no Judô e no Ju-Jitsu.

KOSHI-GURUMA *[côxi-gurumá]* – giro de quadril. Técnica de arremesso, no Judô e no Ju-Jitsu.

KOSHI-KAMAE *[côxí-camaê]* – é quando o lutador descansa a mão ou as mãos em guarda na cintura (quadril).

139

KOSHIKI-NAI-HANCHI *[côxiquí-nairrantxí]* – nome de um antigo Kata, originário da região de Shuri (Shuri-Te) da ilha de Okinawa. Ver "Nai-Hanchi".

KOSHIKI NO KATA *[côxiquí nô catá]* – é uma espécie de Kata, onde são desenvolvidas 21 técnicas em exercícios livres.

KOSHI-NAGE *[côxí-naguê]* – técnica do Aikidô e do Ju-Jitsu, que se caracteriza pelo uso do quadril no arremesso.

KOSHI-NAGE-HIJI-GARAMI *[côxí-naguê-rridji-garamí]* – golpe do Aikidô e Ju-Jitsu, partindo de um apresamento do braço e uso do quadril no arremesso.

KOSHI-NAGE-KOTE-HINERI *[côxí-naguê-côtê-rrinêrí]* – golpe do Aikidô e do Ju-Jitsu. Arremesso por sobre os quadris, com entrada interna.

KOSHI-NOGI *[côxí-nôgui]* – pequena saída da ranhadura, para o lado oposto da espada.

KOSHI-NO-KATA *[côxí-nô-catá]* – é o conjunto de técnicas de projeção de quadril, que se divide em: Uki-Goshi, Harai-Goshi e Tsuri-Komi-Goshi.

KOSHI-WAZA *[côxí-uazá]* – conjunto de técnicas de quadril.

KOSOKUN, KOSHOKUN *[côsôcún]* – nome de um Kata, originário da região de Shuri (Shuri-Te) da ilha de Okinawa. Kata esse, similar ao Ku-shanku Kata, possuindo variações como: Kosokun-Daí e Kosokun-Sho. É um Kata, praticado por algumas escolas, em particular o Shito-Ryu Karatê-Dô.

KOSOKUN-DAI *[côsôcún-dái]* – grande Kosokun. Ver Kosokun.

KOSOKUN-SHO *[côsôcún-sho]* – pequeno Kosokun. Ver Kosokun.

KO-SOTO-GAKE *[cô-sôtô-gaquê]* – pequeno puxão para fora. Técnica dos golpes de pés.

KO-SOTO-GARI *[cô-sôtô-gári]* – pequena ceifada por fora.

KOSSEI *[côsêi]* – atos ou atitudes injustificáveis, que venham violar o regulamento da competição, conforme regras do Kendô. O mesmo que "Gaissuru Kooi".

KOTE *[côtê]* – pulso, munheca, lado de fora do antebraço – "Sote-Ude". Luvas feitas em couros e/ou tecidos reforçados, para a prática do Kendô. Também, diz-se do pulso.

KOTE-GAESHI *[côtê-gaêxí]* – um dos principais elementos técnicos do Aikidô e do Ju-Jitsu. Consiste em torcer a munheca do oponente, obedecendo a direção articular. Torcer o pulso.

KOTE-HINERI *[côtê-rrinêrí]* – aplicação de chave na articulação da munheca, partindo-se de uma entrada interna, no Aikidô e no Ju-Jitsu.

KOTE-KANSETSU *[côtê-cânsêtsú]* – articulação do pulso.

KOTE-MAWASHI *[côtê-mauaxí]* – torção do braço, no Aikidô e no Ju-Jitsu. Virar o pulso.

KOTO *[côtô]* – área específica para demonstrações ou competições do Budô. Também se diz Shiai-jo, Dojo, etc.

Cumprimento entre os lutadores como uma forma de respeito.

KO-UCHI-GARI [*cô-utxí-gári*] – pequena ceifada por dentro.

KU, KIU [*cú*] – nove. Número nove. Também "Kiu".

KUATSU [*cuátsú*] – técnica de reanimação.

KUDEN [*cudên*] – técnicas secretas que são ensinadas às pessoas de confiança.

KUGE [*cuguê*] – a Corte dos nobres hereditários do Imperador.

KUMADE, KUMATE [*cumadê*] – pata de urso. Para essa técnica utilizam-se as bordas internas das mãos.

KUMI [*cumí*] – ataque, atacar, pegar, agarrar, etc.

KUMI-JO [*cumi-djô*] – cruzar armas com o bastão; exercícios combinados com o bastão a dois.

KUMI-TACHI [*cumi-tatxí*] – cruzar armas com espada; exercícios combinados com a espada a dois. Procedimento dos pés no Ju-Jitsu.

KUMITE [*cumitê*] – luta, combate, prélio, partida, etc.

KUN [*cun*] – código, lei, regulamento, etc.

KURO [*curô*] – cor preta.

KURO-OBI [*curô-ôbí*] – faixa preta.

Kumite

KURURUNFA [*cururunfá*] – nome de um Kata. Destruir com técnicas secretas e antigas. Originário da região da Naha (Naha-Te) da ilha de Okinawa. Este Kata é praticado por várias escolas, inclusive de linhagens parecidas, como Shito-Ryu, Goju-Ryu, e outros de linhagem diferente como Wado-Ryu, etc. O seu antigo nome é Peichurin ou Pe-

kusarigama   **ku-shanku**

churin, nome de um antigo Kata da região de Naha da ilha de Okinawa. Tem suas raízes na China, o seu nome quer dizer: 102 guerreiros, 102 mãos ou 102 monges. Kata ensinado por Ryo Ryu Ko da China ao mestre Kanryo Higaonna. Suas origens são desconhecidas.

KUSARIGAMA *[cusarigama]* – antiga arma do Kobudô, que consiste em uma pequena foice presa a uma comprida corrente. Essa arma, das mais funcionais do Kobudô, foi a grande responsável pela extinção da casta dos espadachins no Japão, graças à sua eficácia na luta contra espada.

KU-SHANKU *[cuxanku]* – nome de um antigo Kata, originário da região de Shuri (Shuri-Te) da ilha de Okinawa. Segundo os anais da história é um dos primeiros Katas a serem divulgados e praticados naquela ilha. Ko-Sokun (? - 1761) – Conhecido também como Kushanku, Kusanku, *Kong Su Kung* e *Kouh Shang Kouh*. Era um sifu chinês (professor de *Wu Shu – Kung Fu*) que imigrou em 1756 para a ilha de Okinawa, onde serviu como adido militar. Está registrado que em 1761 ele apresentou o Boxe chinês e técnicas de luta, a um grupo de pessoas que ficaram encantadas em Okinawa. Kushanku, era qualificado em Kenpo, que denominava Tode, antepassado do estilo conhecido como 'Pinewood'. Os guardas reais tiveram permissão para estudar o Tode e Yara Peichin (Chatan Yara) se tornou seu discípulo. Após algum tempo de treinamento, ele desenvolveu um Kata baseado nos treinamentos que tinham com o sifu *Kong Su Kung* (Kushanku). Forma desenvolvida também por Sakugawa que passou a Soken Matsumura. Dele, foi transmitido a Chotoku Kyan, que passou a Tatsou Shimabuku, usando o nome do mestre Kushanku

143

para nomear o Kata. Há duas versões de Kushanku, um com chutes e outro sem chutes só com golpes de mãos. O Kata Kushanku, pode ser traduzido como 'ver o céu', o seu início, também é uma reverência ao velho mestre *Ku-Shan-Ku*. Este Kata é o inspirador de muitos outros como: Kushan-Ku Daí, Kushan-Ku Sho, Kanku Daí, Kanku Sho, etc. O mestre Chatan Yara também apresenta este Kata com o nome de: Chatanyara Kushan-Ku em homenagem ao seu mestre. Nas escolas do Karatê-Dô, é quase indispensável a sua prática, pois, além de revisar partes de técnicas dos Kata's básicos, eleva o praticante a adentrar no nível avançado dos Sentei-Kata e Kaishu-Kata.

KU-SHANKU-DAÍ *[cu-xamcú-dái]* – grande Kushanku. Ver Ku-shanku.

KU-SHANKU-SHO *[cu-xamcú-xô]* – pequeno Kushanku. Ver Ku-shanku.

KUSHI-KEIBO-SOHO *[cuxí-quêibô-sorrô]* – é o método de luta de defesa pessoal que é utilizado pela polícia japonesa. Goshin-Jutsu.

KUSURE NO JOTAI *[cusurê nô djôtaí]* – perda de equilíbrio antes do golpe.

KUSURE-YOKO-SHIHO-GATAME *[cusurê-iôcô-xirrô-gatamê]* – apresamento da cabeça em quatro ângulos. Imobilização.

KUU *[cúu]* – karatê, luta, combate, guerra, etc.

KUZURE *[cuzurê]* – variação, modalidade. Também diz-se partido em duas partes.

KUZURE-HIZI-MAKI-KOMI *[cuzurê-rrizí-maquícômí]* – golpe de giro durante a queda.

kuzure-kesa-gatame   kyoshi

KUZURE-KESA-GATAME *[cuzurê-quêsá-gatamê]* - apresamento da faixa. Golpe de imobilização.

KUZUSHI *[cuzuxí]* – perda do equilíbrio, escorregar.

KWAI, KAI *[quai]* – escola, associação, grupo, sociedade, conjunto, etc.

KYO *[quiô]* – distração, distraído, vacilo, etc.

KYOGI *[quiôguí]* – competição, jogo, peleja. O mesmo que Koogi.

KYOKAI *[quiôcái]* – associação, federação, clube, igreja, etc.

KYOKUSHIN-KAI *[quiocuxin-cái]* – escola onde se treina o estilo "Kyokushin-Ryu" do Karatê-Dô. Hoje esse estilo é chamado de *Full Contact Kyokushin Oyama*, por ser considerado uma versão de *Full Contact*. Ver Kyokushin-Ryu.

KYOKUSHIN-RYU *[quiôcuxín-riú]* – é o nome de um estilo do Karatê-Dô, criado pelo grande mestre Masutatsu Oyama no qual se leva em conta em seus treinamentos fundamentais o combate real. O seu nome significa "estilo da verdade". Tem influência do Goju-Ryu e do Tae-kwon-Dô, pelo fato desse mestre ser coreano (naturalizado japonês) e haver praticado essa modalidade em seu País.

KYOSHI *[quiôxí]* – instrutor. Título outorgado ao instrutor faixa preta de Artes Marciais japonesa, com o domínio pleno, e com graduação mínima de 5º até o 7º grau. É também uma das graduações do grupo "Menkyo", das graduações dos samurais, inclusive ainda é utilizado pela Butoku-Kai (antiga Butoku-Den) no Japão.

145

KYU *[quiô]* – classe. É a graduação atribuída aos praticantes do Budô e outras modalidades correlatas, que ainda não atingiram a faixa preta. Diz-se das graduações inferiores nas Artes Marciais, como: 8º Kyu, 7º Kyu, etc.

KYU-DO *[quiô-dô]* – caminho do arco e flecha, ou caminho do arqueiro. Arte antiqüíssima e nobre dos samurais; ainda hoje, a prática dessa modalidade é reservada a um grupo restrito de pessoas, principalmente pela capacidade de concentração. Também diz-se: caminho do arqueiro.

Arqueiros em treinamento

KYUSHU *[quiuxú]* – pontos vitais do corpo humano. Diz-se também do estudo dos pontos vitais do corpo humano em relação aos "atemi".

KYUZO MIFUNE *[quiúzô mifunê]* – nome do maior conhecedor técnico do moderno Judô, intitulado como "Deus do Judô"; esse professor chegou a atingir o 10º grau. Foi instrutor na Kodo-kan e um dos mais importantes alunos do grande mestre Jigoro Kano, nasceu no Japão em 1883 e faleceu em 1965.

Kyuzo Mifune - 5º Dan
(1883 - 1965)

Esse mestre tornou-se grande nome no cenário das Artes Marciais japonesas, especialmente no Judô. Foi aluno direto do mestre Jigoro Kano (fundador do Judô), quando das aulas na Kodo-kan, era o braço direito de Kano, portanto, seu Senpai.

A sua história como judoka coroa todas as glórias do Judô desde o início até outrora.

Técnica aplicada: Tai-Otoshi.

M

MA-AI *[ma-ái]* – distância. É a distância entre um lutador do outro.

MAE *[maê]* – frente.

MAE-ASHI-GERI *[maê-axí-guêrí]* – chute semicircular com o pé que se encontra à frente da base.

MAE GASHIRA *[maê-gaxirá]* – são os lutadores de primeira divisão do Sumô.

Mae-geri

MAE-GERI *[maê-guêri]* – chute para frente.

MAE-GI *[maê-gui]* – calcular a distância entre os lutadores em qualquer prélio.

MAE-TOBI *[maê-tôbí]* – salto para frente.

MAE-TOBI-GERI *[maê-tôbí-guêrí]* – chute para frente saltado.

MAE-UKEMI *[maê-uquêmí]* – queda para frente. Diz-se também do rolamento para frente.

149

mae zumo   **maku shita**

MAE ZUMO *[maê-zumô]* – é o nome dado ao iniciante do Sumô.

MAHANMI-NO-NEKOASHI-DACHI *[marrami-nô-nêcôaxí-datxí]* – uma das bases usadas comumente no Budô. Algumas outras modalidades também as utiliza. É uma postura similar ao Kokutsu-Dachi.

MAKI *[maquí]* – derrota, conforme normas de competição. Diz-se também enrolar, virar, etc.

MAKI-KATA *[maqui-catá]* – mudança de movimento. Também se diz Kote.

MAKI-KOMI-WAZA *[maquí-cômi-uazá]* – conjunto de todos os golpes de rolar, no Judô e no Ju-Jitsu.

MAKIMONO *[maquimônô]* – espécie de pergaminho como forma de "curriculum vitae", onde é descrita a vida do budoka, que muitas vezes chegava a 2 metros de comprimento, onde era narrado o seu caráter, suas qualidades, seus estudos, sua família, seus defeitos e o que o mestre havia lhe ensinado.

MAKI-OTORUSO *[maqui-ôtôrusô]* – movimento de arremessar.

MAKIWARA *[maquiuárá]* – utensílio que serve para se socar e chutar na modalidade Karatê-Dô. Normalmente confeccionado de madeira, envolto de corda ou borracha.

MAKU NO UCHI *[macú nô utxí]* – grupo de 36 lutadores de 1ª. classe no Sumô.

MAKU SHITA *[macú-xitá]* – grupo de 120 lutadores de Sumô, de 2ª. classe.

150

MAMORO [mamôrô] – colocar-se na defensiva, defender-se, proteger-se, etc.

MANJI [mandjí] – postura em que o lutador toma, com um dos braços em "Jodan-Uchi-Uke" e o outro braço em "Gedan-Barai", utilizando Kokutsu-Dachi/Mahanmi No Nekoashi-Dachi.

MANJI-NO-KAMAE [mandjí-nô-camaê] – guarda do "Manji". Também guarda ou postura do templo.

MANJI-UKE [mandjí-uquê] – defesa em "Manji". Ver Manji.

MANMI-NO-NEKOASHI-DACHI [mami-nô-nêcôaxí-datxí] – uma das bases utilizadas pelo Budô, similar ao "Nekoashi-Dachi".

MANNAKA [man'nacá] – no meio, central, no centro.

MANRIKI-GUSARI [manriqui-gusarí] – umas das armas que foram criadas para vencer a espada samurai. Foi criada por um sentinela chamado Donoshin Toshimitsu Masaki. Em função de sua criação, foi fundada a escola chamada Mansaki-Ryu. Consiste em uma corrente, que varia de 30 a 90 centímetros, tendo uma espécie de cabeça octogonal em uma das extremidades.

MASSHOMEN [mas'xômên] – diretamente da frente.

MASUTATSU OYAMA [masutatsu ôiamá] – nome do grande mestre, criador do estilo "Kyokushin-Ryu" de Karatê-Dô. Esse mestre nas-

Masutatsu Oyama
(1923 - 1995)

cido na Coréia, chamado de *I-Yong Choi*, devido à guerra muda-se para o Japão e naturaliza-se japonês com o nome em epígrafe. Nasceu em 1923 e faleceu em 1995.

MA-SUTEMI-WAZA *[ma-sutêmi-uazá]* – técnica de arremesso reto de costas.

MATA *[matá]* – lado de dentro da coxa. Ex.: "Uchi-Mata".

MATE *[matê]* – espere, um momento, aguarde, chega, etc.

MATSUBAYASHI-KAI *[matsubaiaxí-cái]* – nome de uma escola de Okinawa, onde se desenvolve o estilo "Shorin-Ryu" de Karatê-Dô. O seu nome foi dado em homenagem ao grande mestre, Matsubayashi Sensei.

MATSUKAZE *[matsucazé]* – nome de um antigo Kata.

MAWARE, MAWARU *[mauarê]* – virar, virar-se, voltar, dar a volta, etc.

MAWARE-HIDARI *[mauarê-rridarí]* – virar pela ou para a esquerda.

MAWARE-MIGI *[mauarê-migí]* – virar pela ou para a direita.

MAWARE-TE (mawa-te) *[mauarê-tê]* – virar em guarda de mão.

MAWASHI *[mauaxí]* – semicírculo. Também se diz do uniforme utilizado pelos lutadores de Sumô.

MAWASHI-GERI *[mauaxí-guêrí]* – chute semicircular.

MAWASHI-KAKE-UKE *[mauaxí-caquê-uquê]* – giro com as mãos, quando em execução de defesa, com as bordas das mesmas.

MAWASHI-TSUKI [*mauaxí-tsuquí*] – soco semicircular.

MAWASHI-UKE [*mauaxí-uquê*] – defesa semicircular. Utilizada no Karatê e em outras modalidades correlatas.

MAWASHI-USHIRO-GERI [*mauaxí-uxirô-guêrí*] – chute semicircular para trás.

ME [*mê*] – olhar, olho, ver, etc.

MEI [*mêi*] – inscrição na espada, sobre a origem da forja, espadeiro etc.

MEIJIN [*mêidjín*] – mestre dos mestres. Título muito honorífico que é outorgado aos grandes praticantes de Artes Marciais japonesas, que atingiram não só a graduação de 10° grau, mas também o domínio total de sua arte. É uma graduação do grupo "Menkyo", que ainda é usada na Butoku-Kai no Japão. Receberam esse título, entre outros os mestres: Hironori Otsuka (Karatê-Jitsu); Hakuda Nakayama (Ken-Jitsu); Morihei Uiyeshiba (Aiki-Jitsu), etc.

MEIKYO [*mêiquiô*] – nome de um Kata, originário da região de Shuri (Shuri-Te) da ilha de Okinawa. Possui uma série de três Katas, a saber: Meikyo Sho-Dan, Meikyo Ni-Dan e Meikyo San-Dan. É uma variante do Rohai Kata, e é praticado por várias escolas, como: Shito-Ryu, Shotokan-Ryu, Wado-Ryu, etc. O seu nome quer dizer: espelho claro, alma limpa, etc. Ver Rohai.

MEITOKU YAGI [*mêitôcú iágui*] – grande mestre do Okinawa Goju-Ryu Karatê-Dô. Hoje representante oficial da linhagem no mundo, com sede em Okinawa.

ME-KUBI [*mê-cubí*] – proteção para os olhos, máscara, viseira, etc.

MEN *[men]* – proteção para o rosto, máscara, cabeça. Espécie de capacete feito de tecido e couro (também aço, duralumínio ou titânio), para a proteção da cabeça do lutador do Kendô. Também designa-se a área de ataque.

MENKYO *[menquiô]* – plenitude. Graduação outorgada aos praticantes de Artes Marciais japonesas que atingiram o ápice de sua arte. Normalmente essa graduação é acompanhada dos seguintes termos: "Menkyo-Kaiden" – nada mais tenho a lhe ensinar. Era outorgada pelos grandes mestres aos seus melhores alunos. Essa graduação tem mais valor que o Dan. Hoje, utilizada também pela Butoku-Kai.

MENKYO-KAIDEN *[mênquiô-caidên]* – "nada mais tenho a lhe ensinar". Graduação outorgada ao aluno, onde lhe concede autonomia plena para ensinar a modalidade, sendo o mais alto grau de instrutor.

METSUKE *[mêtisuquê]* – ponto de observação no treinamento com espada (Katana).

MIDORI *[midôrí]* – verde. Cor verde.

MIDORI-OBI *[midôrí-ôbí]* – faixa verde.

MIENAI *[miênái]* – nada vi. Termo usado normalmente pelos árbitros em uma competição de Budô e algumas outras com regras similares.

MIGI *[migí]* – direita. Lado direito.

MIGI-DO *[miguí-dô]* - golpe de espada, desferido do lado direito do "DO". Ver Do.

MIGI-ERI-DORI *[migui-êrí-dôrí]* – agarrar a lapela direita, no Goshin-Jitsu.

MIGI-JIGOTAI [*migui-djigôtai*] – posição de defesa à direita.

MIGI-KAMAE [*migui-câmaê*] – posição de guarda à direita.

MIGI-KOTE [*migui-côtê*] – golpe desferido com a espada, no "KOTE" direito.

MIGI-MEN [*migui-men*] – golpe desferido com a espada, no lado direito do "MEN".

MIGI-SHIZEN-TAI [*migí-xizênteí*] – posição básica do corpo à direita.

MIKATSUKI [*micatzuquí*] – soco semicircular, ou soco em meia-lua.

MIKAZUKI-GERI [*micátzuquí-guêrí*] – chute semicircular aplicado com a sola do pé. Também se diz chute em meia-lua.

Mikazuki-Geri

MIKINOUSUKI KAWAISHI [*miquinôsuquí cauaixí*] – grande mestre do Judô.

MIMI [*mimí*] – orelha.

MIYAMOTO MUSASHI [*mi'iamôtô musaxí*] – nome do lendário espadachim que viveu no Japão no período Kamakura e inspirou outros samurais da época, sendo, portanto, um épico da literatura japonesa. É uma lenda no seio das Artes Marciais. Este samurai nasceu na província de Mimazaka nas montanhas do Japão em 1584, e veio a falecer em 1645. O correto nome de Miyamoto Musashi era Shinmen Musashi No Kami Fujiwara No Genshin. Os ancestrais de Musashi formavam um ramo do poderoso clã Harima de Kyushu, a ilha meridional do Japão.

Hirada Shokan, seu avô, havia sido servidor de Shinmen Iga No Kami Sudeshige, senhor do castelo de Takeyama. Órfão aos sete anos de idade, esse garoto também já o era órfão de mãe, também era chamado de Ben No Suke. Durante as campanhas de unificação de Hideyoshi, vivia esse menino nessa terra violenta e infeliz.

Miyamoto Musashi
(1584 - 1645)

Está registrado nos anais da história que esse menino abateu um homem em combate corpo a corpo aos treze anos de idade; este homem era Arima Kihei, um samurai da escola das artes militares Shinto-Ryu, adestrado na lança e na espada. Nos anos entre 1605 a 1715, envolveu-se em inúmeras batalhas defendendo vários clãs. Aos 50 anos, em 1634, compreendeu a estratégia e caminho da vida, com ele andava uma criança abandonada chamada Iori, adotado por ele. Miyamoto Musashi era um exímio pintor, pois, ainda hoje, seus quadros estimam-se em grandes valores. Em 1643, afasta-se definitivamente da civilização e refugia-se em uma caverna chamada "Reigendo". Ali, ele escreveu "Go Rin No Sho" – "Livro dos Cinco Anéis", dirigido a seu discípulo Teruo Nobuyuki, poucas semanas antes de sua morte, no dia de 19 de maio de 1645. Musashi é conhecido pelos japoneses como "Kensei" – "o santo da espada".

MOCHI [môtxí] – ataque, segurar com as mãos.

MOKUROKU *[môcurôcú]* – relação de técnicas de um estilo ou escola.

MOKUSO *[môcusô]* – fechar os olhos. Normalmente esse procedimento é executado dentro dos Dojo para o Za-zen, dentro das Artes Marciais japonesas. É também o costumeiro para a meditação e relaxamento do corpo antes e/ou após os treinos.

MOMO *[mômô]* – parte superior da coxa.

MONDO *[môndô]* – diálogo Zen entre o mestre e o discípulo, em conversa sobre assuntos espirituais.

MONO-UCHI *[mônô-utxí]* – golpe de espada, com uma determinada parte da lâmina.

MONTEI *[môntêi]* – discípulo, aprendiz, aluno.

MORIHEI UIYESHIBA *[môrirrêi uiêxiba]* – nome do grande mestre criador do Aikidô. Esta modalidade visa integrar o praticante, unificando o corpo e a mente à natureza. Este mestre nasceu em 1883 e faleceu em 1960. Nasceu na zona rural de uma região perto de Osaka no Japão. Saiu de casa na adolescência para buscar conhecimentos de Artes Marciais em Tokyo. Nos estudos dele, incluiu o treinamento com a espada do estilo Shinkage-Ryu de Yagyu (Ken-Jutsu), Hozoin-Ryu (So-Jutsu) e Tenshin-Shinyo-Ryu (Ju-Jutsu). Em 1905, Uiyeshiba começou

Morihei Uiyeshiba
(1883 - 1960)

seu estudo do Aiki-Jutsu da Daito-Ryu com o mestre Sokaku Takeda. Em sua carreira na busca de conhecimentos marciais, absorve os conhecimentos filosóficos e espirituais do Xintoísmo com o Mestre Onisaburo Degushi, vindo unir assim, as habilidades marciais com os preceitos filosóficos e espirituais, buscando assim a unidade como um todo. Achando ele, que assim estava descobrindo uma nova situação como fonte do verdadeiro Budô, o amor às pessoas e a busca da proximidade com Deus, buscando a paz universal, a natureza e a felicidade de todos os seres vivos. Solidificou sua linha de pensamento que, a verdadeira luta não era contra o seu semelhante, e sim, contra si mesmo, em harmonizar a própria energia espiritual com o Universo. O Mestre Uiyeshiba, sentia que o Aiki-Jutsu que era então ensinado, não condizia com sua visão, assim, organizou seu próprio sistema, estabelecendo o princípio da não violência mesmo em se tratando de defesa pessoal. Começa então a ensinar o seu novo sistema a alguns poucos alunos selecionados, alguns de famílias nobres e outros das forças armadas, indo até o início da Segunda Grande Guerra Mundial, quando retorna à zona rural. Entre seus principais discípulos, sita-se o seu filho Kossomaru Uiyeshiba, Koichi Tohei, Yuso Murasige, Gozo Shioda, Minoru Mochizuki, Kenji Tomiki, Minoru Hirai, e Yoichiro Inoue, e mestres contemporâneos do Aikidô incluindo o seu filho Uiyeshiba, Kisshomaru, o neto Moriteru Uiyeshiba, Kisaburo Osawa, Seigo Yamaguchi, e Mitsunari Kanai. Outros considerados como inovadores do Aikidô, como Shioda, Tomiki, Hirai, e Inoue. O estilo de Yoshin de Shioda é um combate programado e de aproximação do sistema clássico do Aiki-Jutsu, entretanto seu propósito espiritual é como o de Uiyeshiba. Aikidô de Tomiki é um sistema de educação física que inclui elementos práticos de autodefesa, e é praticado competitivamente. O estilo Korin-Dô de Aikidô de Hiram concentra-se na autodefesa, enquanto o estilo de Inoue é chamado Tai-Dô de Shin-wa, uma mistura de autodefesa e esporte. Ver Aikidô.

MORITERU UIYESHIBA *[môritêru uiêxiba]* – grande mestre do Aikidô e representante atual. Filho do grande mestre Kosamaru Uiyeshiba e neto do Grande Mestre Morihei Uiyeshiba criador do Aikidô.

Moriteru Uiyeshiba (à direita) com seu pai
Morihei Uiyeshiba (à esquerda).

MOROTE *[môrôtê]* – dois, acompanhado, etc. Diz-se também do movimento duplo, ou seja, com os dois braços ou duas mãos.

MOROTE-ENSHIN-HAITO-BARAI *[môrôtê-ênxín-rraitô-baraí]* – defesa com as duas mãos abertas, em "Haito".

MOROTE-KOKO-UKE *[môrôtê-côcô-uquê]* – conjunto técnico em que o lutador toma posição, normalmente em "Shiko-Dachi" ou "Kokutsu-Dachi", uma

morote-seoi-nage   **mune-garami**

das mãos próxima dos quadris em posição de agarre e outra acima da cabeça com a mesma posição, como por exemplo, no Bassai Sho Kata, ou mesmo nos Wan-shu Kata, Enpi Kata, etc.

MOROTE-SEOI-NAGE *[môrôtê sêôí naguê]* – golpe de arremesso por sobre os ombros, com pegada de ambas as mãos.

MOROTE-TSUKI *[môrôtê-tsuquí]* – soco duplo, com as duas mãos ao mesmo tempo, no Karatê.

MOROTE-UKE *[môrôtê-uquê]* – defesa aplicada com ajuda do outro braço ou mão.

MOROTE-YOKO-KEN-ATE *[môrôtê-iôcô-quên-atê]* – postura típica do Sei-Shan Kata e do Hangetsu Kata, em que o lutador leva os punhos cerrados acima do peito.

MOTO-DACHI *[môtô-datxí]* – uma das bases do Budô. Posicionamento dos pés nas Artes Marciais japonesas.

MOTO-NO-ICHI *[môtô-nô-itxí]* – retornar à posição inicial. Termo usado nos campeonatos de Karatê-Dô, pelos árbitros.

MUBOBI *[mubôbi]* – circunstância em que o lutador se expõe ao risco, ou mesmo coloca o seu oponente na mesma situação, ou até mesmo outras pessoas ao seu redor, conforme regras de competição.

MUGA *[mugá]* – fundamentos do Budô, procurando a união do corpo e a mente.

MUNE *[munê]* – peito. Diz-se também das costas da espada.

MUNE-GARAMI *[munê-garamí]* – chave de flexão, no Judô.

mune-gatame   **musubi-dachi**

MUNE-GATAME *[munê-gatamê]* – golpe de estrangulamento, no Judô e no Ju-Jitsu, com aplicação lateral.

MUNE-GYAKU *[munê-guiacú]* – chave de estiramento aplicada lateralmente ao peito, no Judô.

MUNE-MASHI *[munê-maxí]* – o dorso da espada.

MUSHIN-DO *[muxin-dô]* – caminho do equilíbrio mental inabalável, caminho da serenidade.

MUSOGI *[musôguí]* – limpeza, purificação do corpo e do espírito, para permitir a entrada de novas energias (Xintoísmo).

MUSO-UKE *[musô-uquê]* – defesa em que o lutador utiliza os dois braços em frente ao rosto. Esta defesa é encontrada normalmente nos Kata Wankwan (Wankan), Rohai, Meikyo, Nisei-shi etc.

MUSO-UKE, HASAMI-UKE HIZA-KAMAE *[musô-uquê, rrasamí-uquê rrizá-câmaê]* – postura do lutador, quando da execução do "Ku-shanku Kata, ao levantar o joelho junto às mãos.

MUSUBI-DACHI *[musubi-datxí]* – posicionamento dos pés nas Artes Marciais. Nesse caso, os calcanhares ficam juntos, e os dedos dos pés tomam uma abertura de um pé.

161

N

NAGAGI *[nagaguí]* – caminhar para frente.

NAGAI *[nagaí]* – oblongo, alongado.

NAGAKO *[nagacô]* – golpe de espada.

NAGASHI *[nagaxí]* – esquiva, deslocamento, etc. Também acompanhar ligando.

NAGASHI-TSUKI *[nagaxí-tzuquí]* – soco esquivando, ou deslocando-se.

NAGASHI-UKE *[nagaxí-uquê]* – defesa com esquiva, defesa deslocando-se, etc.

NAGASU *[nagasú]* – é a maneira de deixar passar o golpe do oponente, desviando o seu corpo de forma singular e simplificada, não se afastando demasiadamente do mesmo para não dificultar o contra-ataque.

NAGE *[naguê]* – projeção, arremesso.

NAGE-NO-KATA *[naguê-nô-catá]* – treinamento em aula, onde um lutador toma a posição de ataque e o outro de defesa. Considerado um dos mais importantes Katas criados pelo grande mestre Jigoro Kano, inclusive, indispensável nos exames de graduação. É obrigatória a apresentação desse Kata nos exames de "Dan" do Judô. Existem outros Katas no Judô, como: Kime no Kata, Katame no Kata, etc.

NAGERU *[nagêrú]* – arremessar, o arremesso.

NAGE-WAZA *[naguê-uazá]* – conjunto das técnicas de projeção.

NAGINATA *[naguinatá]* – consiste em um bastão comprido, contendo uma lâmina na ponta. É freqüentemente praticado por mulheres. Na era medieval japonesa, as mulheres defendiam seus filhos e bens dos invasores e saqueadores com essa arma, enquanto seus maridos (Samurai) estavam nos campos de batalhas. A história conta que essa arma tem aproximadamente 830 anos. Outras variações como: Nagamaki Naginata com 630 anos; Naginata Naoshi com 450 anos e Ryoba Naginata com 550 anos.

NAHA *[narrá]* – nome antigo da região norte de Okinawa, também chamada de Naha-Te.

NAHA-TE *[narrá-tê]* – mão do norte. Diz-se também mão do norte de Okinawa, ou estilo do norte.

NAI-FAN-CHI, NAI-HAN-CHI *[naifântxí]* – nome de um Kata, originário da região de Shuri (Shuri-Te) da ilha de Okinawa. Esse Kata possui uma série de variações, como: Naihanchi Sho-Dan, Naihanchi Ni-Dan, Naihanchi San-Dan, outras três séries que são: Tekki Sho-Dan, Tekki Ni-Dan e Tekki San-Dan, e outras como: Koshiki Naihanchi, etc.

naiwan-kakiwake **naname-uchi**

NAIWAN-KAKIWAKE *[naiuan-caquiuaquê]* – defesa com os dois braços, exercendo tensão na abertura da defesa, a exemplo dos Kata Jion, Chin-To, Gankaku, Rohai, etc.

NAIWAN-SUKUI-NAGE *[naiuan-sucuí-naguê]* – círculo efetuado com o antebraço, no sentido de baixo para cima, com o objetivo de desequilibrar e derrubar o oponente.

NAKA *[nacá]* – dentro, de dentro, para dentro.

NAKAE *[nacaê]* – para o começo. Posição inicial.

NAKAYUBI-IPPON-KEN *[nacaiubí-ipôn-quên]* – golpe aplicado com a segunda articulação do dedo médio para fora da mão.

NAMI *[namí]* – normal, usual, costumeiro.

NAMI-ASHI *[namí-axí]* – deslocamento sutil dos pés, na movimentação do corpo.

NAMI JUJI JIME *[namí-djudjí-djimê]* – técnica de estrangulamento.

NANA-DAN *[naná-dân]* – sétimo grau. Graduação outorgada aos faixas pretas de nível superior.

NANA-JIU, NANA-JU *[naná-djíu]* – dezessete. Número dezessete.

NANAME-NI *[nanamê-ní]* – diagonal, em diagonal.

NANAME-TZUKI *[nanamê-tzuki]* – no Goshin-Jitsu, é o ferimento por um golpe desferido lateralmente com a faca, visando à fronte (têmpora) do oponente.

NANAME-UCHI *[nanamê-utxí]* – golpe do Goshin-Jitsu, desferido com o punho lateralmente contra a fronte (têmpora) do oponente. Mawashi-Tsuki.

165

naore · nihon

NAORE [naôrê] – retornar à posição inicial.

NARABI [narabí] – formação, exposição, fila, lado a lado.

NARABI-JUJI-JIME [narabí-djudjí-djimê] – estrangulamento pela gola.

NE [nê] – deitar, deitado, estendido sobre o tatame, posição de chão.

NEKO-ASHI-DACHI [nêcô-axí-datxí] – posição do gato. Uma das bases utilizadas nas Artes Marciais.

NE-WAZA [nê-uazá] – conjunto das técnicas, estando na posição sentado, ajoelhado ou deitado.

NI [ní] – dois. Número dois.

NI-DAN [ni-dân] – segundo grau. Graduação outorgada aos faixas pretas.

NI-DAN-GERI [ni-dân-guêrí] – chute duplo, ou seja, com os dois pés. Podendo ser os dois juntos ou um seguido do outro.

NI-DAN-WAZA [nidân-uazá] – técnica do Kendô (Ken-Jitsu) desenvolvida em dois passos.

NIHON [nirrôn] – duas, dois. Diz-se também Japão – Nippon. Segundo a lenda, a terra ainda não estava solidificada, mas se parecia a um pantanal de lodo, onde cresciam arbustos e ervas-daninhas. E em meio a isso tudo nasceram outros deuses e entre eles o casal Izanagui e Izanami, criadores do arquipélago japonês. A lenda diz o seguinte: Certo dia, Amatsugami (deusa do céu) deu a Izanagui uma arma enfeitada e confiou-lhe a tarefa de criar o Japão. Então, Izanagui e sua esposa Izanami dirigiram-se para a ponte do céu e no meio dela passaram a observar

166

nihon

a terra viscosa lá embaixo. Logo, Izanagui esticou o braço e enfiou sua arma sagrada dentro da lama, remexendo-a. Quando retirou a arma, caíram algumas gotas de lama da ponta, que logo cristalizaram-se em sal e, por sua vez, transformaram-se em uma ilha. Vendo a ilha que acabaram de criar, Izanagui e sua esposa Izanami atravessaram a ponte do céu e desceram aqui para a terra, onde fizeram um acordo entre si para criar novas ilhas, dando origem, assim, ao arquipélago japonês. Os primeiros habitantes do arquipélago-nipônico eram caçadores-coletores nômades, que desconheciam o cultivo da terra e viviam numa sociedade-igualitária, onde não existiam distinções de classes ou hierarquia e onde não havia diferença entre ricos e pobres. Nessa sociedade, os instrumentos e armas necessários para a caça e atividades de defesa e bem-estar do grupo eram de uso comum, tendo como único e principal objetivo assegurar a sobrevivência dessa comunidade. A evolução do homem no Japão pode ser dividida em quatro épocas, conforme os instrumentos por eles usados: Idade da pedra lascada, Idade da pedra polida, Idade do bronze e Idade do ferro. Após centenas de anos, as transformações foram se seguindo conforme a evolução natural das coisas, e assim, temos o Japão como é hoje. As evoluções culturais se deram no início da civilização Yayoi-Shiki, no ano 300 a.C., e que perdurou até o século III d.C. No início da Era Cristã, o Japão começou a ser citado em relatos históricos da China com o nome de Wa. O arquipélago nipônico era dividido em 30 reinos,

Arquipélago japonês

nihon-nukite   **ni-jiu-yon**

cada um com o seu soberano, o mais forte era o de Yamadai, governado por uma rainha chamada Himiko. Com isso, foram sendo criados os reinos com seus príncipes, guerreiros (samurais), suas religiões, costumes e sua singular cultura até a ascensão dos Tokugawa (1600 a 1868), assim, as Eras e períodos como: primeira Embaixada do sul do Japão à dinastia Han da China no ano 107 d.C., segunda Embaixada japonesa à Corte Sung da China no ano 423; Imperatriz Suiko manda Embaixada à dinastia Tang da China entre os anos 523 e 628; e as Eras: Naha (710 a 784); Heian (784 a 805); Kamakura (1185 a 1333) e Meiji (1869 a 1912), abrindo assim as portas do Japão para o Ocidente.

NIHON-NUKITE *[nirrôn-nuquitê]* – dois dedos da mão.

NI-JIU *[ni-djíu]* – vinte. Número vinte. •

NI-JIU-GO *[ni-djíu-gô]* – vinte e cinco. Número vinte e cinco.

NI-JIU-HACHI *[ni-djíu-rratxí]* – vinte e oito. Número vinte e oito.

NI-JIU-ICHI *[ni-djíu-itxí]* – vinte e um. Número vinte e um.

NI-JIU-NI *[ni-djíu-ní]* – vinte e dois. Número vinte e dois.

NI-JIU-ROKU *[ni-djíu-rôcú]* – vinte e sete. Número vinte e sete.

NI-JIU-SAN *[ni-djíu-sân]* – vinte e três. Número vinte e três.

NI-JIU-YON *[ni-djíu-iôn]* – vinte e quatro. Número vinte e quatro.

NIJUSHIHO *[nidjiuxirô]* – nome de um Kata, originário da região de Tomari (Tomari-Te) da ilha de Okinawa. Esse Kata é uma variação do Niseishi Kata. O nome quer dizer "vinte e quatro passos". É praticado por várias escolas.

NINJA *[nindjá]* – praticante da arte do Nin-Jitsu.

NINJA-TO *[nindjá-tô]* – espada característica do praticante do Nin-Jitsu.

Ninja-To

NIN-JITSU *[nin-djítsu]* –
1. A arte de realizar o impossível em defesa pessoal. Acredita-se que muito antes das escolas de samurais, o Nin-Jitsu teve seu surgimento em torno do ano 1000 da Idade Média japonesa. Os principais combates entre clãs nipônicas datam da proposição e rivalidade dos Minamoto (o Gengin) e dos Taira (o Heike). Depois da célebre batalha naval de Dan-No-Kura, os Gengin triunfam sobre seus rivais, e Mynamoto Yoritomo organiza um poder central apoiado sobre uma casta de guerreiros nobres, os samurais, cujo código de honra – o Bushi-Dô – permaneceu célebre através dos tempos. Contudo, por trás dessa fachada de honras e sacrifícios, o Shogun e os senhores locais, sempre prontos, um a aniquilar as revoltas. Os outros ali disputarem o poder, farão nascer uma nova raça de guerreiros; os ninja. Com efeito, em todos os países e em todas as épocas, os espiões sempre foram suporte indispensável de qualquer política. É durante o período Kamakura

Lutador Ninja

nin-jitsu

(1192-1333) que se desenvolveram as primeiras escolas de Nin-Jitsu, nas regiões ao redor de Kyoto, que era então sede do governo militar – o Bafuku. O Shogun era aquele que tinha conseguido tomar o poder e que se ocupava dos negócios do reino num lugar do Mikado, relegado a um papel de ligação entre os homens e os deuses. Para governar, o Shogun foi obrigado a se apoiar numa força militar extremamente sólida, leal a um chefe. A Idade Média japonesa foi marcada por intermináveis conflitos entre clãs soberanos e o poder central. No interior de cada clã, os ninjas se organizaram hierarquicamente de maneira para ela à organização do Bafuku e se tornaram potências temíveis. Essa organização era perfeitamente fechada, para evitar qualquer infiltração inimiga e para impedir o desmoronamento de toda a pirâmide no caso de uma eventual captura. O chefe do clã ninja – o "Jonin" – era praticamente desconhecido de todos. A menos de seus assistentes "Chunin" que conheciam-no, porém não se conheciam entre si. Cada Chunin possuía, para realizar suas missões, um certo número de Genin, na verdade, ninjas operacionais, criados dentro da tradição guerreira, e prontos para morrer sob tortura para não abrirem a boca. Ao longo de todo o decorrer da Idade Média japonesa, os ninjas constituíram uma força cada vez mais importante, e até mesmo incomodavam politicamente. Foi o Shogun Oda Nogunaga que decidiu quebrar esse poder. Ele invade a província de Iga, e, fortalecido por suas armas de fogo, aniquila os ninjas depois de uma batalha sangrenta. Por um instante, dizimamos; os ninjas dispersos voltaram à tona com Ieyasu Tokugawa, o anão epilético que foi, a despeito de seu físico, um

170

dos Shogun mais representativos do Japão. Em 1868, veio a era das luzes e o fim do feudalismo japonês. Os samurais começaram a desaparecer e os ninjas voltaram para as sombras. 2. Antiga modalidade de Jiu-Jitsu, onde engloba técnicas de várias Artes Marciais e de inúmeras formas e estudos como: astronomia, estratégia, emboscadas, armadilhas, diversas armas. 3. É a Arte Marcial do Ninja, Shinobi.

NIPAIPO *[nipaipô]* – nome de um Kata, originário da região de Tomari (Tomari-Te) da ilha de Okinawa. É um típico Kata da escola "Shito-Ryu".

NISEISHI, NISESHI *[nisêixí]* – nome de um Kata, originário da região de Tomari (Tomari-Te) da ilha de Okinawa. É um Kata bastante praticado pela escola Wado e é preferido pelos atletas de competição.

NI-SOKU *[ní-sôcú]* – segundo pé. Manter os pés livres e leves, sempre em alerta prontos para qualquer movimento, e para servirem de mola propulsora para o ataque ou para a defesa. Esse, é um dos princípios básicos dos lutadores de Kendô ou Ken-Jitsu.

NO *[nô]* – de, da, do.

NOBASHI *[nôbaxí]* – estirar, desequilibrar estirando o oponente, quebrando a sua postura.

NOBASU *[nôbasú]* – esticar a frente.

NORU *[nôrú]* – é entrar no oponente, ou seja, rolar para cima. Nesse caso, você ao utilizar os princípios de Nagasu e Inasu, é nesse instante que você "entra" no oponente para um golpe direto "atemi" ou uma imobilização "osae-komi" ou até mesmo uma projeção "nage". Complementada por mais três detalhes que é de suma importância para a desenvoltura e performance do Wado-Ryu Karatê-Dô, que é o **SAN-I-TAI** que dividem-se em: Ten-i; Ten-gi e Ten-tai.

NUKETA *[nuquêta]* – golpe resvalado.

NUKI-AWASERU *[nuqui-auasêrú]* – puxar ou contra-atacar no Kendô.

NUKI-KAKE *[nuqui-caquê]* – ataque com a espada no "Kime no Kata".

NUKITE *[nukitê]* – as pontas dos dedos.

NUKU *[nôcú]* – desembainhar a espada.

NUNCHAKU *[nuntxacú]* – pequenos bastões de madeira, ligados a uma corda ou corrente, que servem de arma para ataque e defesa. Integram portanto, o arsenal do Kobudô. É uma arma originária da ilha de Okinawa. A sua pode variar em três bastões, ou mesmo em um bastão longo e o outro curto. Na Antigüidade, era um instrumento de trabalho agrícola, adaptado ao combate diante da necessidade e circunstância local da época.

Lutador executando um Kata com dois Nunchakus

Nunchaku com três partes

O

O *[ô]* – grande.

OBI *[ôbí]* – faixa. A faixa nas Artes Marciais, representa o crescimento técnico e a idade marcial do praticante. Este sistema é considerado novo em se tratando que surgiu nos anos de 1800; dessa forma, se levarmos em conta que as Artes Marciais japonesas têm sua história antes de Cristo, onde não se usava a faixa como representação técnica ou de grau, mas sim para sustentar a calça. No entanto, a diferenciação técnica, era outorgada pelo mestre ao seu discípulo atrás de um documento, chamado Mokuruko, uma espécie de *Curriculum Vitae* do budoka.

Nas Artes Marciais japonesas, a faixa preta representa o último estágio do aprendizado básico de um budoka. A faixa preta outorga ao usuário uma posição de relevância no meio das Artes Marciais. Fazendo uma comparação à hierarquia militar, é como se o aspirante recebesse o título de tenente.  Na hierarquia dos faixas pretas, as divisões como Yudansha e Kodansha também distribuída em Dan's, vai do Sho-Dan a Jiu-Dan.

173

OCHIRA [ôtxíra] – desfalecimento causado por um estrangulamento.

O-GOSHI [ô-gôxí] – golpe de projeção, em que o praticante lança seu oponente pelo quadril.

Seqüência 1   Seqüência 2   Seqüência 3

O-GURUMA [ô-gurumá] – a grande roda, técnica de arremesso com o quadril.

OHAYO GOZAIMAS [ôrraiô-gôzaimás] – bom-dia.

OHTEN [ôtên] - virar para o lado, virar de lado.

OHYO [ôrriô] – combinação avançada de técnicas.

OHYO-KUMITE [ôrriô-cumitê] – combinação avançada de luta. É quando o lutador se encontra em um estágio avançado na arte do Karatê-Dô, especificamente do estilo "Wado-Ryu". Para esses treinamentos, o praticante, além de utilizar as técnicas convencionais do Karatê, incorpora também técnicas do Shindo Yoshin-Ryu Ju-Jitsu Daí.

OI [ôi] – avançar, ir à frente, perseguir, etc.

OI-GERI [ôi-guêri] – chute avançando, em perseguição. Para esse chute, utiliza-se a perna que se encontra à frente do corpo (da base).

OI-KATA [ôi-catá] – são os Katas avançados.

oi-kumite   **Okinawa**

OI-KUMITE *[ôi-cumitê]* – é a luta avançada. Normalmente utilizando outros recursos não corriqueiros do dia-a-dia.

OI-TSUKI *[ôi-tzuquí]* – o mesmo que "Jun-Zuki". É o soco avançando, em perseguição.

OJI-GAESHI *[ôdjí-gaêxí]* – defesa, bloqueio de golpe, parada.

OJI-WAZA *[ôdjí-uazá]* – conjunto de técnicas combinadas de defesa e contra-ataques.

OKII *[ôquíi]* – grande, maior, longo, comprido.

OKINAWA *[ôquinauá]* – a maior ilha do arquipélago Ryu Kyu, local que originalmente foi a "pedra fundamental" para a estruturação, divulgação e expansão do então Karatê-Dô praticado por milhares de pessoas. Essa ilha por ser a maior do respectivo arquipélago, e localizada em ponto estratégico no sentido militar e de apoio comercial e manutenção das naus, tornou-se a porta de entrada das diversas culturas de toda a Ásia, principalmente do sudeste asiático.

Sudeste asiático

Okinawa, e as três antigas divisões do reino do arquipélago de Ryu-Kyu.

175

OKINAWA-TE *[ôquinaua-tê]* – um dos primeiros nomes dados ao Karatê-Dô pelo povo de Okinawa, sabendo-se que, anteriormente, era chamado de "TODE" – mãos chinesas. Depois de estruturado e voltado às condições locais, tomou o nome de "Okinawa-Te" – mãos de Okinawa.

OKUDEN *[ôcudên]* – um dos sistemas honoráveis de título, equivalente ao 5º grau de faixa preta, confirmados pela entrega dos Makimonos tradicionalmente redigidos.

OKUGI *[ôcuguí]* – mistérios interiores de uma escola, ou de um estilo.

OKURI *[ôcurí]* – avançar, ir de encontro.

OKURI-ASHI *[ôcurí-axí]* – é o passo mais usado durante um treino ou uma luta no Kendô ou Ken-Jitsu. Quando avançando, impulsione com o pé de trás; quando recuando, impulsione com o pé da frente. Em Ashi-sabaki, é importante que seus movimentos sejam suaves, e não deve haver movimento pendular ou lateral do corpo.

OKURI-ASHI-BARAI *[ôcuri-axí-baraí]* – derrubar, usando o quadril pelo lado, travando o pé.

OKURI-ERI-JIME *[ôcurí-êrí-djimê]* –golpe de estrangulamento, com apresamento da gola do adversário.

OKURI-GERI *[ôcurí-guêri]* – avançar chutando, ir de encontro chutando.

OMOTE *[ômôtê]* – externo. Treinamento das técnicas convencionais de uma escola.

OMOTE-WAZA *[ômotê-uazá]* – conjunto das técnicas básicas de uma escola.

176

ON [ôn] – a obrigação de quem recebe um favor, de pagar a quem o fez.

ORIGAMI [ôrigamí] – a arte de dobrar papel.

OSAE [ôsaê] – aprisionar no chão, exercer pressão sobre algo.

OSAE-KOMI [ôsaê-cômí] – imobilização, imobilizar pressionando.

OSAE-KOMI-TOKETA [ôsaê-cômí-tôquêta] – suspender ou interromper o golpe de imobilização.

OSAE-KOMI-WAZA [ôsaê-cômí-uazá] – conjunto de técnicas de imobilização.

OSHIDASHI [ôxidaxí] – estocar ou empurrar o oponente com o Shinai para fora da quadra "shiai-jo", nas regras e competição do Kendô. O mesmo que "Tsuki Dashi".

OSHI-TAOSHI [ôxí-taôxí] – empurrar para baixo.

OSOI [ôsôí] – devagar, lento.

O-SOTO-GARI [ô-sôtô-garí] – grande ceifada interna, golpe de projeção, em que o lutador calça com uma de suas pernas, de forma a envolver a perna do oponente por fora, arremessando-o ao solo.

Seqüência do "O-Soto-Gari".

o-soto-guruma   otoshi

O-SOTO-GURUMA *[ôsôtô-gurumá]* – a grande roda externa, técnicas de pés.

OSS *[ôss]* – cumprimento. É uma maneira salutar, respeitosa e educada que os lutadores de Artes Marciais japonesas têm em comum para dizer sim, "ok", obrigado, com licença, desculpa, entendido, etc. aos seus parceiros, mestres, etc. Normalmente esse cumprimento, é acompanhado de uma reverência em que o lutador se curva em um ângulo mais ou menos de 45° ao seu interlocutor.

OSU *[ôsú]* - comprimir, prensar, empurrar o oponente nas lutas com espadas.

OTAGAI *[ôtagaí]* – participantes de alguma atividade no Budô.

OTAGAI-NI *[ôtagai-ní]* – comando dado aos participantes de algo, nas Artes Marciais, para perfilarem-se, e com atenção, a alguma coisa.

OTAGAI-NI-REI *[ôtagai-ni-rêi]* – comando dado aos participantes de algo, nas Artes Marciais a se cumprimentarem, dentro ou fora do dojo.

OTHEN *[ôtên]* - virar para o lado.

OTHEN-GATAME *[ôtên-gatamê]* – chave usada para fazer arriar a posição de quatro para a posição de domínio (pés estirados e boca no chão).

OTHEN-JIME *[ôtên-djimê]* – estrangulamento rolando a posição de quatro.

OTOME-WAZA *[ôtômê-uazá]* – técnicas secretas do "Daito-Ryu", "Aiki-Jitsu-Ryu" – Também se diz técnicas externas de uma escola.

OTOSHI *[ôtôxí]* – jogar ao chão, atirar o corpo ao chão.

OTOSHI-TSUKI [ôtôxi-tzuquí] – soco aplicado para baixo.

O-TSUKI [ô-tzuki] – grande soco. Soco simultâneo, no Karatê.

O-UCHI-GARI [ô-utxí-garí] – grande ceifada com a perna por dentro das pernas do oponente, atirando-o ao solo.

Seqüência do "O-Uchi-Gari"

OYA-NO-ON [ôiá-nô-ôn] – a obrigação, o dever em retribuir aos pais, os favores recebidos.

OYAYUBI IPPON-KEN [ôiaiubí-ipôn-quên] – golpe desferido com a segunda articulação do dedo polegar com a mão fechada.

OZEKI [ôzeqí] – campeão. Título outorgado dos lutadores de Sumô.

P

PAPUREN *[papurên]* – Nome de um antigo Kata da ilha de Okinawa.

PASSAI *[passai]* – nome de um Kata, originário da região de Shuri (Shuri-Te) da ilha de Okinawa. É um nome antigo, pois algumas escolas atribuem esse Kata ao grande mestre Matsumura, inclusive intitulando-o de "Matsumura no Passai". Possui também alguns outros similares, como: Passai Daí, Passai Sho, Bassai Daí, Bassai Sho, Tomari no Passai, Itosu no Passai e o próprio Matsumura no Passai. O seu nome quer dizer: Atravessar a fortaleza. Ver Bassai.

PEICHIN TAKAHARA *[pêitxin tacarrára]* – antigo e um dos principais mestres okinawano introdutor do To-De (Okinawa-Te) na Ilha de Okinawa. Peichin Takahara nasceu em 1683 e faleceu em 1766. Nasceu na região de Akato, da família Kogusuku de Kumemura. Ele era padre, matemático, cartógrafo e astrônomo. Era também um bom samurai. Adquiriu seus conhecimentos das Artes Marciais sob as instruções

181

Peichin Takahara
(1683 - 1766)

de Matsu Higa, inserindo depois a prática da meditação aos sistemas de Artes Marciais de Okinawa. Peichin, Pechin ou Pehchin era o título dado pelo Estado aos seus ilustres servidores, e que militavam nas artes da guerra, estilos e nas dinastias de Kyu desde 1509 até 1879. Como funcionário ele era largamente responsável pela administração civil e execução da lei. Um dos mais famosos discípulos seus foi Sakugawa Chikodun Peichin Kanga, tornando-se um guerreiro muito famoso.

PEICHURIN *[pêitxurín]* – nome de um antigo Kata praticado nas escolas da região de Naha da ilha de Okinawa. Esse Kata, também é praticado pelo estilo japonês de Karatê, o Wado-Ryu. É também conhecido por Pet'Chu-Rin e Suparinpei. Ver Suparinpei.

PIN-AN *[pin-ân]* – nome de um Kata, originário da região de Shuri (Shuri-Te) da ilha de Okinawa. Possui uma série de cinco variações, como: Pin-an Sho-Dan; Pin-an Ni-Dan; Pin-an San-Dan; Pin-an Yon-Dan e Pin-an Go-Dan. O seu significado quer dizer: "Paz e Tranqüilidade". Existem outros Katas similares ao "Pin-an", como por exemplo: Hei-an (Sho-Dan a Go-Dan), Hei-Wa (Sho-Dan a Go-Dan), praticados por diversas escolas e são considerados como "de base" por algumas escolas e por outras como avançados. A sua criação dá-se ao mestre Itosu Yasatsune Anku.

PIN-AN GO-DAN *[pin-ân gô-dân]* – quinto grau do Pin-an Kata. Ver Pin-an.

PIN-AN NI-DAN *[pin-ân ni-dân]* – segundo grau do Pin-an Kata. Ver Pin-an.

PIN-AN SAN-DAN *[pin-ân sân-dân]* – terceiro grau do Pin-an Kata. Ver Pin-an.

PIN-AN SHO-DAN *[pin-ân xô-dân]* – primeiro grau do Pin-an Kata. Ver Pin-an.

PIN-AN YON-DAN *[pin-ân iôn-dân]* – quarto grau do Pin-an Kata. Ver Pin-an.

PISITORU *[pistôrú]* – pistola, revólver, arma de fogo (curta).

R

RAN *[rân]* - frouxo, fofo, folgado, etc.

RANDORI *[randôrí]* – luta, luta combinada.

REI *[rêí]* – cumprimentar. Comando dirigido aos integrantes de um Dojo, para que façam o cumprimento habitual, nesse caso, o "Oss". O mesmo que "Rei-gi ou Rei-gui".

REIGI *[rêiguí]* – etiqueta.

REN *[rên]* – muitos.

REN-GERI *[rên-guêri]* – chute duplo com o pé, no Karatê.

RENMEI *[rên'mêi]* – federação, associação, liga, aliança, etc.

RENOAJI-DACHI *[rênôadji-datxí]* – nome de uma das bases do Karatê e estilos correlatos.

RENSHI *[rênxí]* – praticante de Arte Marcial, com graduação do 4° ao 6° graus, da categoria dos faixas pretas.

renshu   **ryo-ken-goshi-kamae**

RENSHU *[rênxú]* - treinamento de luta praticado em estilo livre.

RENSOKU *[rênsôcú]* – combinações, encadeamentos, etc.

RENSOKU-WAZA *[rênsôcú-uazá]* – conjunto das combinações técnicas.

RIKEN *[riquên]* – as costas do punho, quando a mão está fechada.

RIKEN-UCHI *[riquên-utxí]* – golpe aplicado com o dorso da mão fechada, no Karatê.

RITSU-REI *[ritsurêi]* – cumprimento estando em pé.

ROHAI *[rôrrái]* – nome de um antigo Kata. Ver Meikyo.

ROKU *[rôcú]* – seis. Número seis.

ROKU-DAN *[rôcú-dân]* – sexto grau. Graduação superior outorgada aos faixas pretas.

ROKU-JIU, ROKU-JU *[rôcú-djíu]* – sessenta. Número sessenta.

RONIN *[rônín]* – samurai livre, sem pertencer a algum senhor feudal, errante.

RYO-GI *[riô-guí]* – escola.

RYO-GOSHI-KAMAE, RYO-KOSHI-KAMAE *[riô-gôxí-camaê, riô-côxí-camaê]* – postura em que o lutador coloca as duas mãos cerradas na cintura (quadril), em "Hikite".

RYO-KEN-GOSHI-KAMAE, RYO-KEN-KOSHI-KAMAE *[riô-quên-gôxí-camaê, riô-quên-kôxí-camaê]* – postura em que o lutador se posiciona com os dois punhos cerrados nos quadris, como nos Katas Chin-

ryo-te-dori　　　　　　　　　　**ryu to ken**

To, Pin-an e Hei-an San-dan e Gankaku. O mesmo que Ryo-Goshi-Kamae.

RYO-TE-DORI *[riô-tê-dôrí]* – golpe desferido com as duas mãos.

RYO-TE-FUSE *[riô-tê-fusê]* – postura que o lutador efetua ao colocar-se no solo. Encontra-se normalmente nos Katas, Ku-shanku, Un-shu (Un-su), etc.

RYOWAN-GEDAN-KAKIWAKE *[riôuân-guêdan-caquiuaquê]* – deslocamentos dos braços ao mesmo tempo, batendo em "Tetsui-Uchi" para baixa e para trás, como nos Katas, Jion, Jitte, etc.

RYU *[riú]* – estilo, escola, forma, maneira, método, etc.

RYU-GI *[riú-guí]* – uniforme de determinada escola ou estilo.

RYU-HA *[riu-rrá]* – lista de estilos.

RYUKYU *[riúquiô]* – nome do arquipélago onde se localiza a ilha de Okinawa.

RYUSI NO KAMAE *[riusí-nô-camaê]* – guarda lateral, em que a espada (Ninja-To) fica com a ponta para trás. Técnica utilizada pelos Ninjas.

RYU SUI ZUKI *[riúsúi-tsuquí]* – golpe inicial executado normalmente, nos Katas Nijiushiho, Nisei-shi, etc.

RYU TO KEN *[riôtôquên]* – golpe desferido com os nós dos dedos indicador, médio e anular da mão em forma de soco para frente.

187

S

SABAKI *[sabaquí]* – esquiva, desvio, deslocamento.

SAGARU *[sagarú]* – recuar ou desviar-se.

SAGERU *[saguêrú]* – puxar para o lado as extremidades do Shinai.

SAGIASHI-DACHI *[saguiaxí-datxí]* – posição dos pés em que o lutador toma a forma de uma ave pernalta, com uma perna só apoiada.

SAI *[saí]* – arma de aço, em forma de garfo (tridente). Compõem o arsenal do Kobudo.

SAIFA *[saifá]* – nome de um Kata. Quer dizer: lágrima e destruição. Originário da região da Naha (Naha-Te) da ilha de Okinawa. Esse Kata é hoje praticado pela escola "Goju-Ryu", sendo também praticado por outras escolas como "Shito-Ryu", "Sanku-Ryu" de Karatê-Dô. É um Kata tradicional. Sua origem é chinesa, trazido pelo mestre Kanryu Higaonna, oriundo do estilo do Grou Branco *"Wu Shu"* da China.

189

SAI-JITSU *[sai-djítsú]* – a arte de defesa com uma forquilha.

SAIKA-NO-ITEN *[saicá-nô-itên]* – o ponto um, o centro do corpo e do espírito (situa-se a 5 cm abaixo do umbigo do ser humano). O mesmo que Tan-Den.

SAKIGAWA *[saquigauá]* - ponta do Shinai. Normalmente confeccionada em couro.

SAKURA *[sacurá]* – a flor da cerejeira. Também representativa do Budô.

SAMURAI *[samuraí]* – 1. A origem do nome "samurai" vem do verbo "saburau" (servir o senhor). Segundo o professor Rizo Takeuchi, em sua obra "Nihon Shoki" (crônicas do Japão), um dos livros mais antigos do país, com a data de 720 d.c., existem referências de samurais como: "saburai-bito" (pessoa que serve patrão). No início do período Heian (794-1192), designava-se o saburai àquele se servisse o palácio da imperatriz, das concubinas, do soberano ou príncipes regentes da Corte. Nessa época, já havia uma hierarquia dentro do palácio para com os saburais, que estavam acima dos criados e outros servidores comuns. Mas o saburai ainda não exercia funções oficiais, sendo assim, era apenas um serviçal comum que não pertencia a nenhuma classe casta e nem era considerado funcionário militar ou do governo. As raízes do samurai, ou indo mais a fundo, de seu espírito, podem ser encontradas, segundo os historiadores,

Samurai equipado com a Bandeira Imperial

em épocas bem mais remotas. Entre os objetos encontrados nos famosos túmulos (kofun), datados do século IV, é comum encontrar armas e outros aparatos de guerra dos mais variados tipos: espadas, lanças, escudos, armaduras, capacetes, flechas e arcos. 2. Nome dado aos guerreiros e seguranças dos feudos, principalmente na era Kamakura.

Samurais em combate

Era uma casta de elite; poucos eram merecedores de fazer parte da mesma. O auge dessa casta se deu nas dinastias dos Shoguns e Daí-myos, como Takugawa e Minamoto. 3. Diz-se também "Bushi" – guerreiro. 4. Uma característica peculiar de um samurai surgia quando o mesmo ia para um duelo onde corria à frente, gritava seu nome, dizia a que clã pertencia, falava de alguns combates vitoriosos. A partir daí, fazia o desafio ou se lançava ao combate. 5. O suicídio do samurai – "hara-kiri" ou "sep'puku" – era um ponto de honra que norteava sua conduta, pois doutrinava servir e a seguir piamente às ordens do seu senhor, não admitia erros ou falhas nas missões desempenhadas por si. Como conforto para seu espírito e justificativa ao seu senhor, praticava o suicídio. Esse ato era tão simbólico que exigia um ato cerimonioso, a ponto de ser marcado horário e local, inclusive, convidando o melhor amigo do suicida para presenciar o ato e cortar-lhe o pescoço, quando o mesmo cravar a faca no próprio abdome.

SAN *[san]* – três. Número três.

sanbon   san chin

SANBON [sanbom] – três pontos.

SANBON-KUMITE [sanbom-cumitê] – luta por três pontos pelas regras de competição.

SANBON-KUMITE-GORE-NASHI [sanbom-cumitê-gôrê-naxí] – treinamento de técnicas de ataque e defesa, no Karatê, desenvolvidas em três passos e sem aviso prévio.

SANBON-NUKITE [sanbom-nuquitê] – três dedos da mão.

SANBON-SHIAI [sanbom-xiaí] – luta por três pontos.

SAN-CHAKU [sân-txcacú] – é o nunchaku com três partes de madeira. Ver Nunchaku.

SAN CHIN [santxín] – nome de um Kata. Quer dizer: "três batalhas". Originário da região de Naha (Naha-Te) da ilha de Okinawa, para executá-lo se faz respiração interna e externa. É predominante na escola "Goju-Ryu" possui duas versões: Daí Sanchin Ichi e Daí Sanchin Ni. Um outro Kata co-irmão desse, é o "Tensho", que executado com respiração interna, é o principal Kata e fundamental do Goju Ryu. A forma que se pratica geralmente é uma variação do Kata apresentado por Kanryo Higaonna, em que Chojun Miyagi escolheu para equilibrar os movimentos, e fornecer estabilidade ao estudante. Sanchin é um dos dois Katas de **Heishu** do Goju-Ryu. O outro é o Tensho. Originários da China, podendo ser visto em vários estilos chineses de combate. Trazido para Okinawa pelo mestre Kanryo Higaonna, sendo-lhe ensinado pelo então mestre chinês *Liu Liu Kong* – Ryu Ryu Ko em japonês. São Katas executados com as mãos abertas, no entanto, Higaonna

192

sanchin-dachi   **san-i-tai**

Sensei incorporou o punho fechado, como é executado hoje. O Sanchin Kata, é facilmente reconhecido pela execução de respiração profunda, modificada pelo grande mestre Miyagi, onde executa movimentos recuando, por achar muito importante para o estudante. A sua tradução mais profunda, encerra em "três batalhas" entre a mente, corpo e espírito. Nos Katas Shisochin e Seienchin, o "kanji" aparece, podendo sua tradução ser mais profunda. O significado Sanchin, também é interpretado como "shime", onde o lutador exerce um esforço para quebrar a concentração do lutador, em bater nas várias partes do corpo com intensidade variada, sendo portanto, o mais importante Kata Goju-Ryu.

SANCHIN-DACHI *[santxín-datxi]* – nome de uma das bases do Karatê-Dô. Nesse caso, caracteriza-se por ser executada especialmente no "Sanchin Kata".

SAN-DAN *[sân-dan]* – terceiro grau. Graduação outorgada aos faixas pretas.

SAN DAN ME *[sân-dân-mê]* – grupo de lutadores de Sumô de 3ª escala.

SAN-DAN-WAZA *[sân-dan-uazá]* – técnica de Kendô que se executa com os pés (deslocamentos).

SANFUA *[sânfuá]* – nome de um antigo Kata, originário da região de Naha (Naha-Te) da ilha de Okinawa.

SAN-I-TAI *[sân-i-taí]* – grupo fundamental das três principais variações técnicas e estratégicas para o "kumite", que são: Ten-I, Ten-Tai e Ten-Gi dos fundamentos do Shindo Yoshin-Ryu Ju-Jitsu, praticados pela escola Wado-Ryu.

193

SAN-JIU *[sân-djíu]* – trinta. Número trinta.

SANKAKU *[sâncacú]* – triângulo, triangular.

SANKU-KAI *[sâncu-cái]* – escola que desenvolve o estilo "Sanku-Ryu" de Karatê-Dô.

SANKU-RYU *[sâncú-riú]* – estilo de Karatê-Dô criado pelo mestre Yoshinao Nanbu. Agrega técnicas dos estilos Shito-Ryu, Goju-Ryu, Wado-Ryu e Shotokan-Ryu.

SANSEYRU *[sânsêirú]* – nome de um antigo Kata. Quer dizer: trinta e seis mãos. Originário da região de Naha (Naha-Te) da ilha de Okinawa. É um Kata que possui sua tradução com uma interpretação bastante exótica. Trinta e seis também é representado por 6x6, significa que: os seis primeiros números são: olho, orelha, nariz, língua, corpo e espírito; os seis segundos números são: imagem, voz, cheiro, gosto, toque e justiça. É chamado também de Sanseru.

SAN-TAI *[sân-tái]* – Terceiro "fígado" firmeza. O fígado é o órgão que simboliza coragem, firmeza e determinação, ou seja, deve-se manter a coragem que apaga os temores nos momentos de ataque, quando se arrisca a própria vida. É uma das quatro virtudes básicas dos lutadores de Kendô ou Ken-Jitsu.

SASAE *[sasaê]* – com as duas mãos.

SASAERU *[sasaêrú]* – manter, segurar, firmar, etc.

SASAE-TSURI-KOMI-ASHI *[sasaê-tsurí-cômí-axí]* – apoiando-se sobre um pé, para erguer o adversário.

SASOKU *[sâsôcú]* – pé esquerdo.

SASU *[sasú]* – atirar para frente a espada.

SATORI *[satôrí]* – a iluminação espiritual.

saya · seipai

SAYA *[saiá]* – bainha da espada. O mesmo que Sayu.

SAYONARA *[saiônará]* – adeus, até logo, etc.

SAYU *[saiú]* – termo indicativo de movimentos à direita e à esquerda.

SEI *[sêi]* – calma e equilíbrio físico, uma das quatro virtudes do Ken-Jitsu. Significa também o certo, o correto.

SEIDO *[sêidô]* – sistema.

SEIDO-JUKU *[seido-djucú]* – estilo de Karatê-Dô criado pelo grande mestre Seisho Nakamura.

SEI EN CHIN *[sêiêntxín]* – nome de um Kata. Quer dizer: controlar e tirar vantagem na batalha. Originário da região de Naha (Naha-Te) da ilha de Okinawa. É um Kata predominante do estilo "Goju-Ryu", também encontrado em alguns outros estilos. Esse Kata, é derivado de um antigo Kata chinês, provavelmente original do sistema (estilo) do tigre do grupo *Hsing-I* do mosteiro *Shaolin*. É também chamado de Seiyunchin. Ver livro: Karate Kata do mesmo autor desse.

SEIGAN NO KAMAE *[sêigân nô camaê]* – guarda média e frontal que o ninja utiliza, com ponta da espada apontada para o tronco do oponente.

SEIKEN *[sêiquên]* – soco.

SEIPAI *[sêipái]* – nome de um antigo Kata. Quer dizer: dezoito mãos. Originário da região de Naha (Naha-Te) da ilha de Okinawa. É praticado por algumas escolas com linhagens similares ao estilo "Goju-Ryu", como: Shito-Ryu, Kenyu-Ryu, etc. Baseado em técnicas do Grou. Dezoito pode ser interpretado

195

seiryoku-zenyu   sei shan

como: 6x3, esotericamente: imagem, voz, cheiro, gosto, toque e justiça. Os outros três números são: paz, harmonia e o bem. A sua tradução é similar ao Sanseiru Kata. Também é chamado de Sepai.

SEIRYOKU-ZENYU *[sêiriôcú-zêniú]* – lema do Kodokan: "Eficiência máxima, com o mínimo de esforço".

SEIRYUTO *[sêiriutô]* – "a mão, como uma queixada de boi".

SEI SHAN *[sei-xân]* – nome de um antigo Kata. Quer dizer: meia-lua. Originário da região de Shuri (Shuri-Te) da ilha de Okinawa. É um Kata predominante do estilo "Wado-Ryu" de Karatê-Dô, possuindo uma outra versão, o Hangetsu, praticado pela escola "Shotokan-Ryu". O seu nome quer dizer: "meia-lua". Esse Kata, surgiu em Okinawa por volta de 1700 através de um famoso cartógrafo e astrônomo chinês. Esse mestre chamado Takahara Peichin foi aclamado pelos lutadores do Tode (Okinawa-Te, Karatê, etc.) daquela ilha, inclusive Bushi Matsumura, Yasutsune Itosu e Chotoku Kyan. O Kata Seishan é praticado em muitos estilos de Okinawa, como: Isshin-Ryu, Shorin-Ryu, etc. Porém, como existem muitas outras linhagens, esse Kata difere ligeiramente entre eles. Sua tradução varia entre o número 13 ou 30. É um Kata bem parecido em suas aplicações com o Ananku Kata, que incorpora os pivôs e ação de torneamento de cabeça. A tradução japonesa do Hangetsu Kata, é **meia-lua**, com uma base derivada da Sanchin Dachi, também chamada de Hangetsu-dachi, Fudo-dachi ou Seishan-dachi, onde são efetuados movimentos semicirculares.

sei-shin   **sensei**

SEI-SHIN *[sei-xin]* – espírito, mental. Também pode ser entendido como coração, sentimento, etc. Nome de um antigo Kata da região de Tomari (Tomari-Te) da ilha de Okinawa.

SEI SHIN TEKI KYOYO *[sei-txí têkí-quiiôiô]* – é o refino espiritual do treinamento Ninja.

SEITO *[sêitô]* – aluno, discípulo, aprendiz. Também se diz "Dechi".

SEI-ZA *[sêizá]* – sentar de joelhos.

SEKIWAKE *[sêquiuaqê]* – júnior. Título outorgado aos campeões de 1º grau no Sumô.

SEME *[sêmê]* – o atacante, quem ataca, atacante.

SEN *[sêm]* – iniciativa, antes do ataque. Também entende-se por antecipação, combatividade.

SEN AKA *[sên-acá]* – as costas, o tronco.

SEN NO SEN *[sêm nô sêm]* – a força empregada por "Uke". Também diz-se do contragolpe.

SENPAI *[sênpái]* – veterano, sênior, etc. Título outorgado ao praticante mais antigo e/ou mais graduado de Artes Marciais em um Dojo.

SENPAI-KOHAN *[sênpaí-côrrân]* – o bom relacionamento entre o professor e o aluno antigo. Também se diz da interação harmoniosa entre o mestre e os alunos.

SENSEI *[sênsêi]* – 1. Professor. 2. Palavra genérica utilizada para designar aquele que dá instrução. 3. Também, diz-se daquele que "nasceu primeiro" – viu primeiro a luz. 4. Na cultura oriental, o Sensei é o instrutor que detém o maior conhecimento possível em sua arte. Para se chegar ao nível de Sensei, esse, além de conhecer bastante o que faz, deve ser reconhecido por aqueles que o cerca, normalmente com a pessoa com meia-idade em diante. No caso das Artes Marciais, esse, normalmente atua no dojo como Senpai do professor titular, ou seja, o mais antigo e/ou mais graduado, mesmo assim. Quando esse se atina a ensinar em um outro dojo, leva consigo uma carta de apresentação; quando vai abrir seu próprio dojo, deve ter o consentimento do seu mestre e normalmente o instala em local distante da escola do seu mestre, até como respeito e a não-imaginação de que há concorrência entre esse e aquele dojo, o que é ao contrário aqui no Ocidente, especialmente no Brasil.

SENSEI-NI *[sênsêi-ni]* – comando dado a um grupo de budokas para que tenham atenção, perfilem e preparem-se para o cumprimento ao professor "Sensei", mestre, etc.

SENSEI-NI-REI *[sênsêi-ni-rêi]* – comando dado a um grupo de budokas para que tenham atenção, perfilem e preparem-se e façam o cumprimento ao professor "Sensei".

SEN-SEN-NO-SEN *[sên-sên-nô-sên]* – antecipar o golpe ou a ação do inimigo com rapidez, descobrir alguma "brecha" e golpear imediatamente. Também se diz da atitude máxima do Budô, como se olhar no espelho e ver a imagem, ou seja, no ato do golpe do inimigo, sai o contragolpe imediatamente. Ex.: como se fosse ao se olhar no espelho, tentar antecipar a imagem.

SENTEI *[sêntéi]* – avançado, intermediário, etc. Diz-se das técnicas ou Kata avançados ou intermediários de uma escola ou estilo.

SENTEI-KATA *[sêntei-catá]* – são considerados os Katas avançados ou intermediários dos estilos do Karatê-Dô e de outras modalidades correlatas.

SEOI *[sêôi]* – ombro, costas.

SEOI-NAGE *[sêôi-naguê]* – golpe desferido contra o oponente, onde utiliza-se o quadril como alavanca, projetando-o por cima dos ombros.

Seoi-Nage

SEPPUKU *[sêpucú]* – suicídio. Prática exercida pelos samurais, quando as suas missões não eram realizadas a contento, e a vergonha de se apresentar aos seus senhores, gerava a prática desse ato. Também se lê Hara-kiri. Ver Miyamoto Musashi.

SERU *[sêrú]* – nome de um antigo Kata, originário da região de Naha (Naha-Te) da ilha de Okinawa.

SESAN *[sêsan]* – nome de um Kata. Quer dizer: treze mãos. Originário da região de Naha (Naha-Te) da ilha de Okinawa. A forma básica deste Kata se resume em 8 técnicas defensivas e 5 técnicas de ataques. **Treze** também é um número que representa **sorte e prosperidade** em numerologia chinesa. É sabido que Sesan Kata é muito antigo. O seu nome também aparece modificado em outros estilos, como: **Seishan (Hangetsu)** praticado por escolas de Shuri-Te e Tomari-Te.

199

SHADO *[xadô]* – sombra. É o treinamento desenvolvido pela Kii-Kuu-Kai Karatê-Dô Wado-Ryu no Brasil. Criação do mestre Susumu Suzuki, no qual são utilizadas várias maneiras e técnicas para o Shiai-Kumite e Jiyu-Kumite, baseadas em suas experiências como campeão universitário japonês e campeão nacional de Karatê-Dô Wado-Ryu por várias vezes em sua época de competidor. Nesse treinamento, o lutador o faz individualmente, aprimorando-se tecnicamente, dando ênfase às esquivas, distância e profundidade de cada golpe, espiritualmente e desenvolvendo a sua capacidade de concentração para lutar, tempo, distância e combinação técnica.

SHAHO-SASHI-ASHI *[xarô-saxí-axí]* – deslocamento do pé em diagonal, partindo de trás.

SHAKEN *[xaquên]* – um dos tipos de Shuriken (estrelas com pontas agudas e muitas vezes envenenadas que eram utilizadas como armas de arremesso. Normalmente utilizadas pelos Ninjas). Shurike ou Shaken

SHI *[xí]* – 1. três. Número três. 2. Também se diz guerreiro. 3. Mau presságio.

SHIAI-JO *[xiái-djô]* – nome dado ao local designado para as competições do Karatê-Dô. O mesmo que Koto.

SHIAI-KUMITE *[xiaí-cumitê]* – luta controlada com um mediador, é a luta de competição, com árbitro.

SHIATSU *[xiátsú]* – massagem tonificante, aplicada nos pontos energéticos do corpo humano.

SHIBORI *[xibôrí]* – estrangular.

SHICHI *[xitxí]* – sete. Número sete.

SHIDO, SHIDOSHI *[xidô]* – guia, orientador, diretor, conselheiro, líder, etc.

SHIDOIN *[xidôin]* – instrutor.

SHIDO-KAN *[xidô-cân]* - nome de escola de Artes Marciais. Shido, que dizer: sistema, estilo, forma, maneira, linha, etc.

SHIDOSHI, SHIDO *[xidôxí]* – o mesmo que Shido.

SHIHAN *[xirrân]* – mestre. Genericamente é usado para designar os professores de Artes Marciais. O nível de mestre é obtido quando o praticante atinge uma sólida estrutura de conhecimento dentro de sua arte, estendendo-se à vida cotidiana, sendo, portanto, uma pessoa a se imitar. Nas Artes Marciais japonesas, é quando o praticante detém o 5° grau da faixa preta em diante. Algumas escolas o reconhecem a partir do 6° grau.

SHIHAN-NI *[xirrân-ni]* – é o comando efetuado para que todos se perfilem e preparem para o cumprimento ao mestre.

SHIHAN-NI REI *[xirrân ní rêí]* – "cumprimentem o mestre". É o comando dado por um "Senpai" para os presentes perfilarem-se e cumprimentarem o mestre.

SHIHO *[sirrô]* – execução pelos lados, ou ângulos.

SHIHO-GERI *[xirrô-guêri]* – é o nome de um antigo Kata do Karatê-Dô, oriundo da região de Naha (Naha-Te) da ilha de Okinawa. Possui uma série de seis Katas, a saber: Shiho-Geri Sho-Dan, Shiho-Geri Ni-Dan, Shiho-Geri San-Dan, Shiho-Geri Yon-Dan, Shiho-Geri Go-Dan e Shiho-Geri Roku-Dan.

SHIHO-GERI-GO-DAN *[xirrô-guêrí-gô-dân]* – "quinto grau do caminho do chute". Ver Shiho-Geri.

SHIHO-GERI-NI-DAN *[xirrô-guêrí-ni-dân]* – "segundo grau do caminho do chute". Ver Shiho-Geri.

SHIHO-GERI-ROKU-DAN *[xirrô-guêrí-rôcú-dân]* – "sétimo grau do caminho do chute". Ver Shiho-Geri.

SHIHO-GERI-SAN-DAN *[xirrô-guêrí-sân-dân]* – "terceiro grau do caminho do chute". Ver Shiho-Geri.

SHIHO-GERI-SHO-DAN *[xirrô-guêrí-xô-dân]* – "primeiro grau do caminho do chute". Ver Shiho-Geri.

SHIHO-GERI-YON-DAN *[xirrô-guêrí-iôn-dân]* – "quarto grau do caminho do chute". Ver Shiho-Geri.

SHIHO-KOSOKUN *(koshokun)* *[xirrô-côsôcun]* – nome de um antigo Kata, originário da região de Tomai (Tomari-Te) da ilha de Okinawa. Ver Ku-shanku

SHIHO-NAGE *[xirrô-naguê]* – jogar para os quatro quadrantes. Também se diz: apresamento do pulso, seguido por uma esquiva.

SHIHO-TSUKI-GO-DAN *[xirrô-tsuki-gô-dân]* – "quinto grau do caminho do soco". Ver Shiho-Zuki.

SHIHO-TSUKI-NI-DAN *[xirrô-tsuki-ni-dân]* – "segundo grau do caminho do soco". Ver Shiho-Zuki.

SHIHO-TSUKI-ROKU-DAN *[xirrô-tsuki-rôcú-dân]* – "sexto grau do caminho do soco". Ver Shiho-Zuki.

SHIHO-TSUKI-SAN-DAN *[xirrô-tsuki-sân-dân]* – "terceiro grau do caminho do soco". Ver Shiho-Zuki.

SHIHO-TSUKI-SHO-DAN *[xirrô-tsuki-xô-dân]* – "primeiro grau do caminho do soco". Ver Shiho-Zuki.

SHIHO-TSUKI-YON-DAN *[xirrô-tsuki-iôn-dân]* – "quarto grau do caminho do soco". Ver Shiho-Zuki.

SHIHO-ZUKI *[xirrô-tsuzi]* – é o nome dado a um antigo Kata do Karatê-Dô, originário da região de Naha (Naha-Te) da ilha de Okinawa. Possui uma série de seis Katas, a saber: Shiho-Zuki Sho-Dan, Shiho-Zuki Ni-Dan, Shiho-Zuki San-Dan, Shiho-Zuki Yon-Dan, Shiho-Zuki Go-Dan e Shiho-Zuki Roku-Dan.

SHI KAI *[xí cái]* – as quatro virtudes de combate do Kendô, que são: "kyon" – não ser surpreendido; "ku" – não ficar com medo; "gui" – não ficar indeciso; "waku" – não ficar perplexo, confuso. Resumindo, não se deve ser surpreendido, sem ficar com medo do tamanho físico ou do golpe do adversário, e nem mesmo ficar indeciso quanto às ações dele, e muito menos ficar perplexo e confuso quanto aos próprios movimentos.

SHIKAKE-WAZA *[xicáquê-uazá]* – ataque do Kendô, efetuado quando o oponente não está usando o equipamento de proteção. Também conjunto de técnicas de contra-ataques. Diz-se também, que é um golpe em resposta a um movimento de ataque do oponente, nos treinos do Kendô. Técnicas de provocação.

SHIKE *[xiquê]* – diz-se do fundador de um estilo. Também do herdeiro de um estilo ou escola.

SHIKEN *[xiquên]* – mãos e pés. Também se diz do programa técnico para exames de faixas e graus de uma escola ou estilo.

SHIKI *[xikí]* – estilo, cerimônia, modo. O mesmo que Ryu.

SHIKKAKU *[xicácú]* – penalidade máxima, em que o competidor é expulso da área de competição, dependendo da gravidade, até das dependências desportivas, inclusive com o auxílio da polícia. O competidor além de punido com a derrota, poderá perder o título que tenha galgado no momento, poderá ser punido pelo órgão gerenciador da modalidade com suspensão de sua participação em eventos, e até mesmo uma cassação de títulos e graus.

SHIKKO *[xicô]* – caminhar ajoelhado, o andar do samurai.

SHIKO-DACHI *[xicô-datxí]* – nome de uma das bases do Budô. Com as pernas abertas. Essa postura, é usada na maioria das Artes Marciais japonesas.

SHIMA-OBI *[ximá-ôbí]* – faixa vermelha clara.

SHIME *[ximê]* – estrangular, enforcar, etc.

SHIME-GARAMI *[ximê-garamí]* – chave de estiramento dos ombros, com os joelhos. Também, estrangular.

SHIME-WAZA *[ximê-uazá]* – conjunto de todas as técnicas de estrangulamento.

SHIMOSEKI *[ximôsêquí]* – situa-se ao lado direito de quem olha o "Kamiza", ou seja, no lado norte pelos pontos cardeais. Diz-se da parte inferior de um Dojo.

SHIMOZA *[ximôzá]* – local do Dojo, que fica em frente ao "Kamiza", lado leste (Ocidente) nos pontos cardeais. É a parte do Dojo, onde os alunos devem ficar sentados ou agrupados para os cumprimentos ou treinos.

SHINAI *[xináí]* – espada feita de tiras de bambu, muito usada no Kendô. O shinai é composto de: "jin-bu" –

shinai otoshi — **shi-no-on**

extensão da "lâmina"; "tsuka" – cabo ou empunhadura. Subdividindo-se em: "ken-sen" – ponta da "lâmina"; "sakigawa" – dispositivo protetor da ponta da shinai; "datotsu-hi" – amarrado de couro, para unir as tiras de bambu; "tsuku" – parte maior e superior da shinai; "jinhá" – parte maior e inferior da espada entre o "datotsu-hi" e a "tsuka"; "tsuka" – protetor da mão e separador entre a "lâmina" e o cabo; "tsuka-gawa" – cabo do shinai; "tsuka-gashira" – ponta do cabo da shinai.

SHINAI OTOSHI *[xinaí ôtôxí]* – derrubar o shinai. Falta, nas regras de competição do Kendô.

SHINDO *[xindô]* – caminho verdadeiro, caminho espiritual.

SHINDO-KATA *[xindô-catá]* – é o nome de uma série de Katas praticados pela escola "Shindo Yoshin-Ryu" de Jiu-Jitsu. Também praticados na escola "Wado-Ryu" de Karatê-Dô.

SHINDO YOSHIN-RYU *[xindô iôxín-riú]* – nome do estilo de Ju-Jitsu, variante do "Yoshin-Ryu", passado ao mestre Hironori Otsuka, outorgando-lhe o título de mestre e representante da geração vindoura pelo grande mestre Tatsusaburo Nakayama, que recebeu de D. Matsuoka e vindo ser a fonte de pesquisa técnica do mestre Hironori Otsuka para a criação e desenvolvimento do seu estilo, Wado-Ryu.

SHINOBI IRI *[xinôbí-irí]* – treinamento especializado do Nin-Jutsu, onde seus praticantes treinam a movimentação silenciosa, imitando o vento.

SHINOGI *[xinôgí]* – a ranhadura da espada.

SHI-NO-ON *[xi-nô-ôn]* – a obrigação, o débito que o aluno sempre tem com o mestre.

205

SHINSHU *[xinxú]* – verdadeira harmonia, verdadeira paz.

SHIN-TAI *[xin-taí]* – caminhar corretamente, o modo de caminhar.

SHINTO *[xintô]* – o caminho de Deus, a religião, a religião autóctone do Japão, o xintoísmo.

SHINTOÍSMO *[xintôísmo]* – a religião autóctone do Japão. Também quer dizer: o caminho de Deus. É a religião mais antiga do Japão, pois, trata-se de um sistema baseado na veneração às coisas, e de vários deuses.

SHINZA *[xinzá]* – é o lugar onde fica o altar em um Dojo. O mesmo que Shinto. Ver Kamiza.

SHINZO *[xinzô]* – coração.

SHIOFU *[xiôfú]* – antigo nome do Wankwan Kata, também chamado de "Wankan". Oriundo da região de Tomari (Tomari-Te) da ilha de Okinawa. Um outro nome antigo dado ao Wankwan Kata é o Matsukase.

SHIPAN *[xipân]* – árbitro, juiz. Termo usado nas competições do Budô.

SHIPAN-NI-REI *[xipân ní rêi]* – "cumprimente (m) o (s) árbitro (s)".

SHIRO *[xirô]* – branco. A cor branca.

SHIROBEI YOSHITOKI AKIYAMA *[xirôbêi iôxitóquí aqui'iamá]* – nome do grande mestre criador do estilo "Yoshin-Ryu" de Ju-Jitsu, por volta dos anos 1500 a 1600; o seu nome completo é Shirobey Yoshitoki Akiyama. Esse mestre era praticante de outras modalidades de lutas existentes na época. Conta-se que,

shiro no kachi   **shitaya**

meditando em um bosque, depois de já ter codificado o seu método de luta, viu a flexibilidade e a maneira natural com que a árvore do salgueiro lidava com a neve e o vento, flexionando-se e deixando a neve e o vento passar, e retornando à sua posição normal. Assim, poeticamente disse: "o meu estilo se chamará Coração de Salgueiro".

SHIRO NO KACHI *[xirô nô cátxí]* – vitória do branco.

SHIRO-OBI *[xirô-ôbi]* – faixa branca.

SHI-RYKI *[xí-riquí]* – quarta força. Buscar a força interior das mãos que seguram a espada e a força interna do corpo, sem recorrer a força bruta dos braços. Esse, é mais um dos quatro preceitos básicos dos lutadores de Kendô ou Ken-Jitsu.

SHISEI *[xisêi]* – posição. Posição correta dos pés.

SHI-SHIN *[xí-xín]* – interrupção de pensamento, sentido.

SHI-SOCHIN *[xi-sôtxín]* – nome de um Kata. Quer dizer: batalha em quatro direções. Originário da região de Naha (Naha-Te) da ilha de Okinawa. Ensinado a Kanryo Higaonna por *Ryu Ryu Ko*. Era um Kata favorito de Chojun Miyagi.

SHITA *[xitá]* – para baixo.

SHI-TACHI *[xi-táxi]* – contragolpe com a espada.

SHITATE NAGE *[xitatê-nagê]* – arremesso. Técnica similar ao "Uwate-Dashi-Nage", onde o lutador segura o cinturão do sumoka por dentro, com o sentido de derrubar seu oponente.

SHITAYA *[xitaiá]* – templo antigo, onde se estabeleceu a primitiva Kodo-Kan.

207

SHITCHI *[xitxí]* – sete. Número sete.

SHITEI *[xitêi]* – obrigatório. É aquilo que você faz rotineiramente.

SHITEI-KATA *[xiti-catá]* – são os Katas considerados obrigatórios em uma escola, ou nas regras de competições das entidades organizadoras dos eventos. Como é o caso da WKC – *World Karate Confederation*, WKF – *World Karatê-Dô Federation*, ITKF – *International Traditional Karate Federation*, etc.

SHITO-GERI-GUE *[xitô-guêri-guê]* – é uma forma de Kata, praticado pela escola Okinawa Goju-Ryu.

SHITO-KAI *[xitô-cái]* – escola que desenvolve o estilo "Shito-Ryu" de Karatê-Dô.

SHITO-RYU *[xitô-riu]* – estilo de Karatê-Dô criado pelo grande mestre Kenwa Mabuni na ilha de Okinawa – região de Tomari ("Tomari-Te") –, com influência das linhagens norte e sul (Naha e Shuri). Ver Kenwa Mabuni. Este estilo possui uma característica única, no que diz respeito à pratica dos Katas. Possui mais de 30 Katas.

Símbolo do Shito-Ryu Karatê-Dô

SHITO-RYU KATA *[xitô-riu catá]* – são todos os Katas executados por esse estilo, entre outros: Ako, Annan, Annanko, Matsukaze, Chantanyara Kushanku, Chinto, Seishan, Jion. Jitte, Suparinpei. Unshu, Naihanchi, Passai, Seienchin, Seipai, Sanseiru, Saifa, Shisochin, Tensho, Sanchin, Kururunfa, Sesan, Gojushiho, Tomari Wanshu, etc.

shito-shu-geri · shodo

SHITO-SHU-GERI *[xitô-xú-guêrí]* – é uma forma de Kata, praticado pela escola Okinawa Goju-Ryu.

SHITO-TSUKI *[xitô-tzuqui]* – golpe com as pontas dos dedos. O mesmo que Nukite.

SHITO-UKE *[xitô-uquê]* – defesa executada com a mão aberta, na altura da cabeça, utilizando o antebraço "Ude-Uke" ou mesmo a borda externa da mão aberta "Shuto".

SHI-WAZA *[xi-uazá]* – conjunto das técnicas de pés.

SHIZEN *[xizên]* – natureza.

SHIZEN-TAI *[xizên-táí]* – posição natural do corpo.

SHO *[xô]* – primeiro.

SHOBU *[xôbú]* – luta, lutar, combater, etc.

SHOBU-GOHON *[xôbú-gorrôn]* – luta por cinco pontos.

SHOBU-IPPON *[xôbú-ipôm]* – luta por um ponto.

SHOBU-IPPON-HAN *[xôbú-ipôm-rrân]* – luta por um ponto e meio.

SHOBU-NIHON *[xôbú-nirrôn]* – luta por dois pontos.

SHOBU-SANBON *[xôbú-sânbôm]* – luta por três pontos.

SHO-DAN *[xô-dân]* – primeiro grau. Graduação outorgada aos faixas pretas.

SHODEN *[xôdên]* – as artes preliminares de uma escola, ou um estilo.

SHODO *[xôdô]* – a arte do pincel. Também se diz a arte da escrita. O caminho da vida através do pincel. Pertence às escolas de "Grandes Nobres Artes" do Japão.

209

SHOGUN *[xôgum]* – antigo líder do Japão feudal. Normalmente, era um governador ou mesmo um general (Daí-Myo).

SHOIN *[xôin]* – antigo nome do Chin-te Kata.

SHOM'MEN *[xômên]* – visão frontal no Ken-Jutsu.

SHOM'MEN NI REI *[xômên ní rêi]* – comando efetuado normalmente em eventos, onde os competidores e participantes fazem reverência (cumprimento) às autoridades presentes.

SHOMEN-NI *[xômên-ní]* – comando para perfilar, para cumprimento.

SHOMEN-UCHI *[xômên-utxí]* – ataque direto à cabeça.

SHOMEN-ZUKI *[xômên-tsuqui]* – soco ou golpe na cabeça.

SHOREI-KAI *[xôrêi-cai]* – escola que desenvolve e treina o estilo "Shorei-Ryu" de Karatê-Dô.

SHOREI-RYU *[xôrêi-riu]* – 1. estilo de Karatê-Dô tradicional de Okinawa, sendo uma linhagem do "Goju-Ryu". Antigo nome de uma região da respectiva ilha. 2. A ilha de Okinawa foi dividida marcialmente em duas linhagens de estilos: Shorei e Shorin; uma na região norte (Shorei) e outra na região sul (Shorin), conseqüentemente Naha-Te e Shuri-Te. Com o surgimento do Mestre Kenwa Mabuni da região de Tomari, os estilos de Okinawa-Te foram se confinando e tomando características regionais, ou seja, Naha-Te, Shuri-Te e Tomari-Te.

SHORIN JI KENPO *[xôrin dji kenpô]* – é o nome dado no Japão às técnicas Shaolin chinesas. Esta Arte Marcial foi criada pelo grande mestre Doshin So em 1947 oficialmente. É uma arte advinda de *Shaolin Wushu*, *Shaolin Quan*, *Shaolin Quanshu*, etc., praticadas no templo Shaolin, localizado na província de Honan, na China. A arte antecessora às demais praticadas neste templo veio da Índia e tinha o nome Arahan no Ken, ou popularmente conhecida por Varjaramushit. O seu professor, na época em que esteve no mosteiro Shaolin, foi o mestre *Wen Laoshi* (representante máximo na época do estilo "Shaolin do Norte").

SHORIN-KAI *[xôrin-cai]* – escola que desenvolve e treina o estilo "Shorin-Ryu" de Karatê-Dô.

SHORIN-RYU *[xôrin-riu]* – estilo de Karatê-Dô, criado na ilha de Okinawa, dado como patrono do mesmo, o grande mestre Choshin Chibana.

SHO SHIN BO *[xô-xín-bô]* – era uma arma bastante pesada, empunhada através de um anel com pontas intercambiáveis, tão forte que era, que chegava a quebrar a lâmina de uma espada. Arma ninja.

SHOSHINSHA *[xôxinxá]* – diz-se do novato ou mesmo iniciante na arte do Budô.

SHOTEI *[xôtêi]* – salta da mão, parte calosa da mão.

SHOTEI-TSUKI *[xôtêi-tsuqui]* – golpe aplicado com o salto da mão.

SHOTO *[xôtô]* – espada curta.

SHOTOKAN-RYU *[xôtôcan-riu]* – estilo de Karatê-Dô criado na ilha de Okinawa pelo grande mestre Gichin Funakoshi. O mestre Funakoshi, ao adentrar em solo japonês, percebeu a diferença cultural em

Símbolo do
Shotokan-Ryu
Karatê-Dô

relação às ilhas Roppe, em particular, Okinawa. Assim, reestruturou o conceito do Okinawa-Te, vindo mais tarde definir seu estilo como Shotokan já nos anos 40.

SHOTOKAN-RYU KATA *[xôtocân-riú catá]* – são todos os Katas executados por esse estilo de Karatê, entre outros: Tekki (Sho, Ni e San-Dan), Hei-an (Sho, Ni, San, Yon e Go-Dan), Jitte, Jiin, Taikyoku (Sho, Ni, San, Yon, Go e Roku-Dan), Jion, Nijiushiho, Gojushiho (Sho/Daí), Unsu, Chinte, Wankan, Hangetsu, Gankaku, Bassai (Sho/Daí), Kanku (Sho/Daí), Enpi, Sochin, Meikyo (Sho, Ni- e San-Dan), etc.

SHOWA *[xôuá]* – primeira paz, primeira harmonia. Nome da atual era japonesa, que emoldura o Japão atual. Começa no ano 1916, com a investida do Imperador Hiroito.

SHUGO *[xugô]* – reunião, conferência, acerto, etc.

SHUJYAKU *[xudiacú]* – antigo Kata praticado pela escola Goju-Ryu, em particular na ilha e Okinawa.

SHUMUKU ASHI *[xúmúcú axí]* – é o mau posicionamento do pé esquerdo nos treinos do Kendô.

SHURI *[xurí]* – sul. Região do sul de Okinawa. Ver Shuri-Te. É o nome de uma das três regiões marciais da ilha de Okinawa. As outras duas são: Tomari (central) e Naha (norte), marcialmente dizendo são: Shuri-Te, Tomari-Te e Naha-Te.

SHURIKEN *[xuriquên]* – nome de uma arma de metal, normalmente em forma de estrela, utilizada pelos ninjas. É uma arma que integra o arsenal do Nin-Jitsu.

SHURIKEN JITSU *[xuriquên-djítsu]* – métodos de uso do Shuriken.

SHURI-TE [xurí-tê] – mão do sul. Ou estilo do sul de Okinawa.

SHUTO [xutô] – sabre da mão. Quina ou faca externa da mão aberta.

SHUTO-JUJI-UKE [xutô-djudji-uquê] – defesa ascendente em cruz na altura da cabeça (Jodan-Shuto-Juji-Uke).

SHUTO-KAKIWAKE [xutô-caquiuaquê] – defesa com as "facas" das mãos abertas, nos Katas Chin-To, Gankaku, etc.

Defesa "Shuto-Juji-Uke"

SHUTO-UCHI [xutê-utxí] – golpe aplicado com o sabre externo da mão aberta.

SHUTO-UKE [xutô-uquê] – defesa com o sabre externo da mão aberta.

SOCHIN [sôtxín] – nome de um Kata, originário da região de Naha (Naha-Te) da ilha de Okinawa. É um Kata praticado por várias escolas.

SODE [sôdê] – manga da túnica da veste do budoka.

SODE-DORI [sôdê-dôrí] – agarrar pela manga, pegar, usado no "Kime no Kata".

SODE-GURUMA [sôdê-gurumá] – roda de estrangulamento pelas mangas, um dos golpes de estrangulamento do Judô e do Ju-Jitsu.

SOESHO-HIKITE [sôêxô-rriquitê] – posição que o lutador faz, colocando uma das mãos fechada em "Hikite" e a outra por cima aberta em "Shuto".

SOESHO-ZUKI [sôêxô-tsuqui] – soco direto que o lutador executa, com o auxílio da outra mão aberta em 90°, por cima do braço, em "Shuto".

SOETE-KOHI-KAMAE [sôêtê-côxí-camaê] – postura do Chin-To Kata em que o executante coloca uma das mãos aberta e a outra fechada, juntas, coladas ao quadril.

SOETE-URA-ZUKI [sôêtê-urá-tsuqui] – golpe aplicado com as costas das mãos, "Ura-Ken", com o auxílio da outra mão fechada e braço formando um ângulo de 90°, por baixo do braço que golpeia.

SOGO-GACHI [sôgô-gatí] - "vitória resumida", ou seja, vitória simples.

SOKAKU TAKEDA [sôcacú takêda] - Grande mestre criador do estilo Kito-Ryu.

Sokaku Takeda (um dos mestres de Morihei Uiyeshiba).

SOKE [sôquê] – fundador, criador, genitor, patrono. Termo que se refere ao fundador de um estilo de Arte Marcial. Pode ser referido a um herdeiro também de um estilo ou escola.

Sokon Matsumura
(1809 - 1896)

SOKON MATSUMURA *[sôcôn matsumurá]* – nome de um dos principais mestres, que deram estrutura ao Okinawa-Te, na época de sua aparição nessa ilha. Nascido em Okinawa em 1809, e falecido em 1896.

SOKU-GERI *[sôcú-guêri]* – chute com a parte calosa da frente do pé (bola do pé).

SOKUMEN-TATE-SHUTO-UKE *[sôcúmên-tatê-xutô-uquê]* – postura usada nos Katas Tekki e Nai-fanchi.

SOKUMEN-ZUKI *[sôcúmên-tsuqui]* – soco lateral, semelhante ao "Kage-Zuki", que o lutador executa usando o peso do corpo.

SOKUTO *[sôcutô]* – soco.

SOKUTO-GERI *[sôcutô-guêri]* – chute com a quina calosa da parte externa do pé (faca do pé).

Lutador aplicando "Sokuto-Geri"

SON-KYO *[sôn-quiô]* – posição de cócoras do Sumô.

SONO-MAMA *[sônô-mama]* – não se mover, ficar parado, deitado, etc.

SONOTAWARA *[sônôtauará]* – saco utilizado nas Artes Marciais para o treinamento de socos e chutes.

SORE-MADE *[sôrê-madê]* – terminar.

SOTAI-DOSA *[sôtai-dôsá]* – exercícios preparatórios executados por duas pessoas.

SOTO *[sôtô]* – exterior, fora, de fora.

SOTO-GERI *[sôtô-guêrí]* – golpe de chute aplicado com o pé, utilizando a parte de fora do mesmo "sokuto".

SOTO-MAKI-KOMI *[sôtô-maqui-cômí]* – golpe de virada para fora no Judô e no Ju-Jitsu.

SOTO-UDE-UKE *[sôtô-udê-uquê]* – defesa efetuada com o lado externo do antebraço, de dentro para fora, no Karatê.

SOTO-UKE *[sôtô-uquê]* – defesa de fora para dentro com o antebraço.

Soto-ude-uke

SOUBU ZUKURI KATANA *[xôubú zukurí catanâ]* – espécie de espada ninja, com idade remontada de 630 anos.

SOWAN-UCHI-UKE *[sôuan-utxí-uquê]* – defesa de dentro para fora, utilizando os braços e imprimindo pressão.

SUBURI *[suburí]* – exercícios das escolas que desenvolvem a arte da espada, com o "Shinai" ou com a "Katana". É usado comumente no Kendô. É um exercício individual, onde o lutador efetua movimentos de braços e pernas, avançando e recuando golpeando o "men". O suburi, é feito também dando pequenos saltos rápidos, golpeando o "men" e levantando o "shinai" até a posição de "jodan no kamae". O mesmo que Haya-suburi ou Choyaku-suburi.

SUI REN *[suí-rên]* – treinamento técnico de combate sob a água. Essa técnica, é basicamente da escola Ninja.

SU-KOSHI *[sú-côxí]* – um pouco.

SUKUI *[suquí]* – pá, colher.

SUKUI-NAGE *[sucuí-naguê]* – golpe em que o executante faz em movimento circular de baixo para cima, na intenção de girar e derrubar o adversário.

SUKUI-UKE *[sucuí-uquê]* – técnica de bloqueio, no Karatê.

SUMI *[sumí]* – canto. Também se diz pincel. Muitos autores dizem que da arte de Sumi, surgiu o Sumi-e, que consiste em pinturas executadas com Nankin, mantendo-se o pincel em ângulo reto com o papel, e desenhando-se com traços leves e soltos.

SUMI-GAESHI *[sumí-gaêxí]* – jogando o oponente no chão, pelo canto.

SUMI-OTOSHI *[sumí-ôtôxí]* – arremesso de canto, técnica de arremesso de mão.

SUMO *[sumô]* – estilo de luta japonesa em que os lutadores devem ser avantajados em peso, que consiste em um lutador "jogar" o outro para fora da área demarcada para o combate. O Sumô é uma luta antiquíssima no Japão, alguns livros citam-no há 1.500, 2.000 anos atrás, alguns historiadores citam datas em que já se praticavam essa modalidade há dezenas de anos antes de Cristo, inclusive sendo uma modalidade de luta violentíssima, ao contrário de hoje. O ápice triunfal dos lutadores do Sumô é chegar

Lutadores de Sumô

217

à posição máxima, o "Yokozuma". O Sumô antigo trazia uma gama de golpes traumatizantes e seu regulamento era que a vitória seria dada ao lutador que saísse andando, ou seja, era uma luta de vida ou morte. Hoje, há regulamentos e as poucas técnicas empregadas em seus combates, são voltadas à competição, sem no entanto, danificar, mutilar ou injuriar o adversário. É conservado até hoje, rituais antiquíssimos baseados no Shintoísmo no que diz respeito à veneração dos Deuses. O grau mais alto do Sumô, é o Yokozuma tendo tanto prestígio, que o detentor deste grau tem lugar reservado ao lado do imperador e audiência direta com o mesmo. Ver Shintoísmo.

SUNOTAWARA *[sônôtauará]* – saco para bater. É o saco usado para os treinos. Ver Sonotawara.

SUPARINPEI *[suparinpêi]* – nome de um antigo Kata. Quer dizer: 108 mãos. O número 108 também tem significação especial nas convicções do budismo. Também quer dizer: 108 monges; 108 guerreiros, etc. Originário da região de Naha (Naha-Te) da ilha de Okinawa. O seu nome antigo é Peichurin (Pechurin), de origem chinesa, que dizer: 102 mãos, 102 guerreiros, 102 monges. É um antigo Kata, com origem chinesa, possuindo seu significado bastante exótico, como por exemplo: 6x6x3, é uma combinação de elementos representativos dos significados dos Sepai e Sanseiru Kata.

SURIAGE *[suriaguê]* – suspender, resvalar, golpe para cima.

SURIAGE-WAZA *[suriaguê-uazá]* – fazer com que a espada do adversário apenas resvale.

SUSHIN NO KONSHU *[suxín nô cônxú]* – nome de um Kata, atualmente praticado pela escola "Wado-Ryu" de Karatê-Dô, principalmente pelas escolas tradicionais.

SUSUMU SUZUKI *[sussumú suzuki]* – nome do grande mestre japonês, praticante do estilo "Wado-Ryu" de Karatê-Dô, campeão universitário japonês e campeão nacional Wado-Ryu do Japão várias vezes. Foi fundador da Kii-Kuu-Kai Karatê-Dô Wado-Ryu em 1977, no Brasil Kii-Kuu-Kai. Nascido em Takikawa província de Hokkaido no Japão em 10 de setembro de 1945 e falecido em 1996. Ver Kii-Kuu-Kai.

Susumu Suzuki realizando um Kata.

SUTEMI *[sutêmi]* – imolar, sacrificar, queda de sacrifício.

SUTEMI-WAZA *[sutêmi-uazá]* – jogar pelo estômago (Tomoe-Nage). Também diz-se de todas as técnicas de sacrifício.

SUWARE-WAZA *[su'uaê-uazá]* – técnicas, partindo da posição de joelhos ou sentado – Seiza.

T

TABI *[tabí]* – sapato utilizado pelos Ninjas. Um dos equipamentos utilizados pelos ninjas para escalar grandes elevações, como: muros, árvores etc.

Tabi

TACHI *[ta-txí]* – de pé, estando em pé, posição básica. Diz-se também espada.

TACHI-AI *[ta-txi-ai]* – posição em pé.

TACHI DORI *[tatxí dôrí]* – defesas contra espada. Conjunto técnico utilizado em vários estilos de Ju-Jutsu, como: Shindo Yoshin-Ryu, Yagyu-Ryu, Wado, etc.

TACHI-WAZA *[tatxi-uazá]* – conjunto de técnicas em pé.

TAI *[tai]* – corpo.

TAI-ATARI *[tai-atari]* – tocar o corpo do oponente com a espada.

TAI NO SEN *[taí nô sên]* – o mesmo que "sen".

221

tai no shintai   tai-kyoku

TAI NO SHINTAI *[tai nô xintai]* – mudança de posição na arte da espada.

TAICHI CHU KERI GUE *[taitxí-txú-qêrí-gê]* – antigo Kata praticado pela escola Goju-Ryu, em particular na ilha e Okinawa.

TAICHI CHU SHUTO GUE *[taitxí-txú xutô-gê]* – antigo Kata praticado pela escola Goju-Ryu, em particular na ilha e Okinawa.

TAICHI JIU CHU GUE *[taitxí-djiú txú-gê]* – antigo Kata praticado pela escola Goju-Ryu, em particular na ilha e Okinawa.

TAIHO JITSU *[tairrô-djitsú]* – é um método de defesa pessoal utilizado pela polícia japonesa.

TAI-I *[tai-í]* – um tipo de espada.

TAI-IKU *[tai-icú]* – educação física.

TAI-JITSU *[tai-djitsú]* – antiga modalidade de Ju-Jitsu. É uma das modalidades utilizadas pela casta Ninja.

TAI-JU *[tai-djú]* – peso corporal.

TAI-KAI *[tai-cái]* – torneio, competição, simpósio, congresso, etc.

TAI-KO *[tai-cô]* – é uma espécie de tambor, que os Dojo japoneses utilizam para dar início e fim aos treinos das Artes Marciais.

TAI-KYOKU *[tai-quiôcú]* – nome de um antigo Kata. Quer dizer: a criação. Desenvolvido pelo grande mestre Gichin Funakoshi em uma série de três, a saber: Tai-Kyoku Sho-Dan, Tai-Kyoku Ni-Dan e Tai-Kyoku San-Dan. Posteriormente foram

222

tai-otoshi   **tako**

criados mais três, pelo seu filho Yasutaka Funako-shi, sendo: Tai-Kyoku Yon-Dan, Tai-Kyoku Go-Dan e Tai-Kyoku Rokku-Dan. Hoje a maioria das escolas o substituiu pelos Hei-an Kata. No caso dos Tai-Kyoku, são muito importantes para desenvolver as estruturas das bases do próprio estilo, como é o caso da: Kiba-Dachi, Kokutsu-Dachi, Zenkutsu-Dachi e Neko-ashi-Dachi.

TAI-OTOSHI *[tai-ôtôxí]* – golpe de projeção em que o lutador força o corpo do oponente a cair, estando com o seu pé "calçando" o pé do oponente.

TAI-SABAKI *[tai-sabaquí]* – movimento em círculo, esquiva, deslocamentos do corpo.

TAI-SHINTEI *[tai-xintêi]* –mudança de posição no Ken-Jitsu.

TAI-SO *[tai-sô]* – exercícios, treinos obrigatórios.

TAIYU-NO-KATA *[tai-iú-nô-catá]* – nome de um antigo Kata, originário da região de Shuri (Shuri-Te) da ilha de Okinawa.

TAI-ZA *[tai-zá]* – banco para a prática do Zazen no Budô. Colocam-se as pernas por baixo do assento.

TAKA *[tacá]* – alto.

TAKAMA-HARA *[tacamá-rrará]* – o espírito do universo, espírito universal.

TAKE *[taquê]* – bambu. Também significa guerreiro.

TAKO *[tacô]* – tambor utilizado nas Artes Marciais japonesas para dar o início e o fim dos treinos do Budô. O mesmo que Taiko.

Tako chinês

223

TAMA *[tamá]* – alma.

TAMA-SHIWARE *[tama-xiuarê]* – quer dizer quebramento de telhas e outros objetos, com golpes de Atemi. Diz-se também Tame-Shiware.

TANBO *[tambô]* – bastão curto, de mais ou menos 50 cm. Similar ao cassetete policial.

TAN-DEN *[tan-dên]* – local da barriga onde se concentra a energia – "KI". Localiza-se logo abaixo do umbigo.

TANDOKU DOSA *[tandôcú dôsá]* – exercícios preparatórios realizados individualmente. O mesmo que Tandoku-renshu.

TANI *[tâni]* – vale.

TANI-OTOSHI *[taní-ôtôxí]* – "puxão para queda do vale". Técnica de arremesso.

TANTO *[tantô]* – espada pequena ou faca.

TAN TO DORI *[tanto dôrí]* – defesas com arma braça (curta – faca).

TAN TO JITSU *[tantô-djítsú]* – antiga arte de combate, derivada do Ju-Jitsu, e que era especializada nos golpes com armas brancas.

TAN TO TORI *[tantô-tôrí]* – punhalada, facada, etc.

TAORU *[taôrú]* – lenço usado pelos praticantes do Kendô, por sob o "MEN", com o propósito de conter o suor.

TARE *[tarê]* – protetor da cintura, confeccionado de couro ou tecido reforçado, para a proteção do lutador de Kendô.

TATAKE *[tataquê]* - bater, atacar.

tatake-geri · tatibana

TATAKE-GERI *[tataquê-guêrí]* – bater com o pé, atacar com o pé. Chutar.

TATAME *[tatamê]* – colchão confeccionado com palha de arroz, para o forramento dos Dojo, para a prática do Budô. Hoje, já se encontra confeccionados em material sintético.

TATAME-OMOTE *[tatamê-ômôtê]* – tipo de forramento substituto do tatame.

TATE *[tatê]* – em pé, vertical, para cima.

TATE-NUKITE *[tatê-nuquitê]* – soco com os dedos da mão, em posição vertical, no Ju-Jitsu e no Karatê-Dô.

TATE-SANKAKU-GATAME *[tatê-sâncacú-gatamê]* – gancho, posição de agarramento.

TATE-SEISHAN-DACHI *[tatê-sêixan-datxí]* – nome de uma das bases do Karatê-Dô, no caso específico do estilo "Wado-Ryu".

TATE-SHIHO-GATAME *[tatê-xirrô-gatamê]* – golpe de estrangulamento pelos quatro ângulos.

TATE-TSUKI *[tatê-tsuqui]* – soco em vertical, com a mão em posição vertical.

TATIBANA, (Tachibana) *[tatxibâna]* – nome de uma bonita flor japonesa, que representa a harmonia, paz, etc. Diz-se também "KII". Também um arranjo de flor. Gravura da capa deste livro. A idéia de estampar na capa deste Dicionário a flor Tachibana, além de significar o símbolo do Budô, também homenagear o meu mestre Susumu Suzuki (1945 – 1985) pelo fato do mesmo ter criado a Kii-Kuu-Kai aqui no Brasil em 1977. Kii, quer dizer – Tachibana.

225

TATSU *[tatsú]* – na posição em pé, no Kendô.

TATSUSABURO NAKAYAMA *[tat'susaburô nacaiâma]* – nome de um grande mestre da escola Shindo Yoshin-Ryu de Ju-Jitsu, possuindo na época o título de 3º sucessor do respectivo estilo e linhagem. Foi também o mestre do professor Hironori Otsuka, outorgando-lhe o grau de mestre e o título de 4º sucessor deste famoso estilo de Ju-Jitsu.

TAWARA *[tauará]* – amarrados de palha de arroz, para o treinamento das mãos, no Karatê.

TE *[tê]* – mão.

TE-BUKI-OSAE *[tê-cubí-ôsaê]* – chave de compressão do braço.

TE-GATANA *[tê-gataná]* – a maneira de usar a mão, imitando uma espada.

TE-GATANA-ATE *[tê-gataná-atê]* – cutilada desferida com o canto da mão "Shuto", no Ju-Jitsu e no Karatê.

TE-HON *[tê-rrôn]* – modelo, exemplo, exemplar, etc.

TEI *[têi]* – padrão, fixo.

TEIJI-DACHI *[têidjí-datxí]* – nome de uma das bases do Budô.

TEISHO *[têixô]* – borda da mão, a parte calosa da mão, salto da mão.

TEISHO-AWASE-UKE *[têixô-auasê-uquê]* – defesa efetuada com as duas mãos juntas, especificamente com as bordas (parte calosa), ao mesmo tempo.

TEISHO-FURI-UCHI *[têixô-furí-utxí]* – ataque com a borda da mão.

teisho-uchi / tekki sho-dan

TEISHO-UCHI *[têixô-utxí]* – ataque com o salto da mão.

TEISHO-UKE *[têixô-uquê]* – técnica de bloqueio, que efetua com a borda da mão, no Karatê e no Ju-Jitsu.

TEISHO-ZUKI *[têixô-tsuqui]* – técnica de soco com o punho cerrado no Karatê.

TEISOKU *[têisôcú]* – a planta do pé. Também, palma da mão.

TEISOKU-UCHI *[têisôcú-utcí]* – ataque com a sola do pé, das técnicas de "Ashi-Waza".

TEISOKU-UKE *[têisôcú-uquê]* – defesa efetuada com a sola do pé.

TEKKI *[têquí]* – nome de um Kata. Quer dizer: a tradução do seu nome tem interpretações diferentes, como: cavaleiro de ferro, para os dois lados, andar a cavalo, etc. Originário da região de Shuri (Shuri-Te) da ilha de Okinawa. Esse Kata possui uma série de três, que são: Tekki Sho-Dan, Tekki Ni-Dan e Tekki San-San. O nome original desse Kata é "Naihanchi", possuindo também três variantes a saber: Naihanchi Sho-Dan, Naihanchi Ni-Dan e Naihanchi San-Dan. Haja vista, que a escola Wado-Ryu desenvolve um Kata similar, com o nome de "Naifanchi", que segundo a história, deu origem aos demais. Há um outro Kata que é derivado dos demais, o Koshiki Naihanchi.

TEKKI NI-DAN *[têquí ni-dân]* – segundo grau do cavaleiro de ferro. Ver Tekki.

TEKKI SAN-DAN *[têquí sân-dân]* – terceiro grau do cavaleiro de ferro. Ver Tekki.

TEKKI SHO-DAN *[têquí xô-dân]* – primeiro grau do cavaleiro de ferro. Ver Tekki.

tekubi   **tenkan**

TEKUBI *[têcubí]* – o pulso.

TEMOTO *[têmôtô]* - golpe, porte, atitude, aprumo, etc.

TEN *[tên]* – céu.

TENCHIN-KENSEITAI *[têntxín-quênsêitai]* – movimento efetuado com as duas mãos, para cima e para baixo, visualizando um campo, em um raio específico do lutador oponente.

TENCHIN-NAGE *[têntxín-naguê]* – "jogar para o céu e para a terra".

TEN CHIN NO KATA *[ten-txín nô cata]* – antigo Kata praticado pela escola Goju-Ryu, em particular na ilha e Okinawa. Esse Kata, possui duas variações, o Ten-chin no Kata Ichi e Ten-chin no Kata Ni.

TENCHIN-TOBI-GAESHI *[têntxin-tôbi-gaêxi]* – técnica utilizada pelo lutador do Karatê-Dô, ao saltar nos Katas Kanku Sho, Wan-Shu, Enpi, etc.

TEN-GI *[tên-guí]* – efeito da técnica.

TEN GU *[têngú]* – espécie de entidade fantasmagórica, que surgiu entre as lendas e histórias antigas das Artes Marciais. Esse ser, tinha a forma de um animal alado, cabeça e pés de aves com o formato humano. Quando esse aparecia para alguma pessoa ou lutador, passava a lhe ensinar técnicas especiais tornando-o *expert* na modalidade.

TEN-I *[tên-i]* – diz-se da mudança de posição. Ver San-I-Tai.

TENKAI-ASHI *[têncaí-axí]* – virar o pé, torcer, varrer com o pé, girar o corpo sem dar passos.

TENKAN *[têncân]* – girar o corpo. Diz-se também da entrada externa da esquiva, no Ken-Jitsu.

228

TENKAN-ASHI *[têncân-axí]* – giro com um passo ou dois.

TEN MON *[ten-môn]* – estudo da geografia e meteorologia pela casta Ninja. Também se diz: Chi-Mon.

TENNO *[tên'nô]* – título outorgado aos imperadores japoneses, no tempo em que julgavam que eles eram deuses. Tenno – "Imperador Celestial". Também se diz divisão em eras, contagem de tempo de governo dos soberanos de cada época ou dinastia; Mikado.

TEN-NO-KATA *[tên-nô-catá]* – nome de um antigo Kata. Quer dizer: forma do céu ou forma do Universo. Da região de Shuri (Shuri-Te) da ilha da Okinawa. Foi apresentado pela primeira vez pelo mestre Gichin Funakoshi.

TENRYU *[tênriú]* – antigo Kata da região de Naha da ilha de Okinawa. É um Kata praticado por algumas escolas tradicionais da ilha. O seu nome quer dizer: "Dragão Divino" ou "Dragão do Céu".

TEN-SHO *[tên-xô]* – "primeiro céu". Nome de um Kata. Quer dizer: "primeiro céu"; virando ou fluindo mãos; palmas giratórias. Característico dos estilos da região de Naha-Te da ilha de Okinawa, como por exemplo o "Goju-Ryu Karatê-Dô, em que o lutador o executa, com respiração interna. Criado por Chojun Miyagi, é derivado de uma forma chinesa mais suave que o Sanchin Kata".

TEN-TAI *[tên-taí]* – é a movimentação do corpo na evolução dos ataques e defesas, evitando a perda de energia, desgaste no contra-ataque, ou mesmo, colocar-se à mercê do inimigo.

TESSEN *[tês'sên]* – leque de ferro utilizado pelos samurais e ninjas para o combate.

tetsui **tode**

TETSUI *[têtsúi]* – com o punho cerrado. Diz-se do lado em que se localiza o dedo mindinho. Também, martelo de ferro.

TETSUI-UCHI *[têtsuí-utxí]* – ataque com o punho cerrado. Ver Tetsui.

TETSUI-UKE *[têtsuí-uquê]* – defesa com o punho cerrado. Ver Tetsui.

TE-WAZA *[tê-uazá]* – conjunto de todas as técnicas de mão.

TIMING *[timíngui]* – chamar ou provocar o oponente para a luta. É a maneira sutil de forçar entrada do adversário no seu raio de ação, forçando o seu ataque.

TOBI *[tôbí]* – pulo, salto, pular, saltar.

TOBI-ASHI-BARAI *[tôbi-axí-baraí]* – golpe que o lutador saltando, faz uma varredura com a sola do pé. Ex.: No Kanku Sho Kata, o executante aplica "Jodan-tobi-ashi-barai".

TOBI-GERI *[tôbí –guêrí]* – chute saltado.

TOBI-KOMI *[tôbí-cômí]* – correr, saltar, dar um galeio.

TOBIKOMI-NAGASHI-ZUKI *[tôbícômí-nagaxítsuquí]* – soco em profundidade, esquivado e saltado. Também diz-se Tobi-komi-konde-zuki.

TOBIKOMI-ZUKI *[tôbícômi-tsuqui]* – soco em profundidade saltado.

TOBI-USHIRO-GERI *[tôbí-uxirô-guêri]* – ao saltar, o lutador faz um chute para trás, no Karatê-Dô.

TODE *[tôdê]* – um dos principais nomes dados à Arte Marcial praticada na ilha de Okinawa. A palavra Tode quer dizer "mãos chinesas". Depois de sis-

toho   tomoe-nage

tematizáda às condições daquela ilha, mudou-se para Okinawa-Te - Mãos de Okinawa, depois Karatê – Mãos vazias e Karatê-Dô – Caminho das mãos vazias.

TOHO *[tôrrô]* – garra de caranguejo. Parte da mão aberta, entre o polegar e o indicador, em forma de arco.

TOKETA *[tôquêta]* – interrupção, conforme as regras de competição. Também se diz resvalar.

TOKUI *[tôcúi]* – livre, à vontade, como quiser.

TOKUI-KATA *[tôcúi-catá]* – são os Katas livres para sua prática nas escolas de Budô.

TOKUI-WAZA *[tôcúi-uazá]* – é o conjunto de técnicas favoritas, não obrigatórias à sua prática.

TO-MA *[tômá]* – maior afastamento, distância.

TOMARI *[tômari]* – nome dado a uma das três regiões da ilha de Okinawa, também chamada de Tomari-Te, ou mesmo, Mão central ou do centro. Por ser uma região portuária de Okinawa, tornou-se a porta de entrada não só das técnicas das Artes Marciais mas, de toda cultura e informações vinda de outros povos.

TOMARI-TE *[tômari-tê]* – "Mão de Okinawa". Nome "marcial" dado à região central e portuária de Okinawa. Okinawa dividiu-se "marcialmente" em três regiões a saber: Naha-Te; Shuri-Te e Tomari-Te. Ver Okinawa.

TOMOE *[tômôê]* – arco, círculo.

TOMOE-JIME *[tômôê-djimê]* – estrangulamento circular.

TOMOE-NAGE *[tômôê-naguê]* – jogar em círculo pelo estômago.

231

Tomoe-nage

TOMOYORI TAKAMASSA *[tômôiôrí tacamasá]* – nome do grande mestre criador do estilo Kenyu-Ryu de Karatê-Dô, inspirando-se nos estilos hoje conhecidos como Shito-Ryu e Goju-Ryu.

TONFA *[tônfá]* – bastão curto, com empunhadura em 90° graus, que serve como arma de defesa e ataque. Hoje é utilizada pelas forças armadas de vários países. É uma das armas integrantes do Kobudô. Na área policial é conhecida como bastão de polícia ou PR-24.

Tomoyori Takamassa (à direita) fazendo demonstração.

TOOYAMA NO METSUKE *[toôiamá nô mêtzuquê]* – olhar profundo e além do físico presente à sua frente, ou seja, vê além do momento.

TORI *[tôrí]* – portal de identificação do Shintoísmo. Trave que indica a porta de entrada de um templo budista, ou xintoísta. É o símbolo da religião japonesa.

Tori

232

TORIMASSEN *[tôrimasên]* – nada valeu. Termo usado nos campeonatos de Budô, em que o árbitro, gesticulando e pronunciando a palavra, informa a todos que as técnicas empregadas foram sem eficiência, portanto não valendo pontos. Em algumas outras Artes Marciais japonesas, também utilizam esses termos.

TORI-NAWARA *[tôrí-nauará]* – é a arte de defender-se com uma lança, contendo uma lâmina perpendicular.

TORI-TE *[tôri-tê]* – primitiva modalidade de Ju-Jitsu, dando origem a muitas outras.

TSUBA *[t'subá]* – cabo da espada, do sabre ou do "shinai". Também diz-se da proteção do cabo da espada.

TSUBA-ZERI-AI *[t'subá-zêrí-aí]* – Irregular. Também se diz da espada ligada ao "Tsuba".

TSUBO *[t'subô]* – ponto de abertura, no "Shiatsu", onde é feita a pressão.

TSUGI-ASHI *[t'suguí-axí]* – andar, mantendo o mesmo pé da frente, em deslocamento à frente. Passo de recuo nas exibições de Kata. É o encurtamento da distância entre os pés. Aproximando os pés, você está apto a atacar de uma distância maior, encurtando a distância rapidamente entre você e seu adversário.

TSUKA *[tsucá]* – bainha da espada do Ken-Jitsu. O mesmo que Gawa.

TSUKA-GAWA *[tsucá-gauá]* – o mesmo que Tsuka.

TSUKAMI-DORI-MAE-GERI *[t'sucamí-dôrí-maêguêrí]* – conjunto de golpes, em que o lutador agarra

tsuki — tsuri-goshi

o pulso do oponente, puxando-o para si, no sentido de desequilibrá-lo e ao mesmo tempo aplicandolhe um chute, que poderá ser o Mae-geri, Yoko-geri, Sokuto-geri, etc.

TSUKI *[t'suquí]* – soco, céu. Também é o nome dado à estocada na garganta com a espada.

TSUKI-AGE *[tsuqui-aguê]* – gancho no queixo. Também se diz soco ascendente.

TSUKI-KAKE *[t'suquí-caquê]* – soco no estômago, defendido no Goshin-Jitsu.

TSUKI-KOMI *[t'suquí-cômí]* – facada no estômago, no "Kime-no-Kata". Também, soco em profundidade.

TSUKI-KOMI-JIME *[t'suquí-cômí-djimê]* – golpe de estrangulamento, no Judô e no Ju-Jitsu.

TSUKI-NAMI-SHIAI *[tsuqui-nâmí-xiái]* – torneio de lutas em série que se realizam mensalmente na Kodo-Kan.

TSUKI-WAZA *[t'suquí-uazá]* – conjunto de todos os golpes de soco.

TSUKOMI-DACHI *[t'sucômí-datxí]* – uma das bases do Budô. Nesse caso, em profundidade.

TSUKURI *[t'sucurí]* – construir uma postura, início de uma técnica.

TSUMASAKI *[t'sumas'saquí]* – dedos do pé, ou fechamento do pé.

TSURI *[t'suri]* – puxar, levantar.

TSURI-GOSHI *[t'suri-gôxí]* – puxar pelos quadris, técnica de golpe com os quadris.

234

TSURI-KOMI *[t'surí-cômí]* – puxar para cima, arrastar em volta.

TSURI-KOMI-GOSHI *[t'suri-cômí-gôxí]* – golpe de quadril, com o fim de deslocar o oponente.

TSURUASHI-DACHI *[t'suruaxí-datxí]* – uma das bases do Budô. Nesse caso, o lutador prostra-se em uma só perna, imitando uma ave na posição de descanso de uma perna.

TSURU HASHI *[t'suru-rraxí]* – espécie de picareta, com as pontas muito afiadas que eram utilizadas pelos lutadores do Nin-Jutsu, especialmente a escola Fuma-Ryu.

TYU SHIN SEN *[tiú xín sên]* – linha imaginária traçada entre a ponta da espada do lutador, até um determinado ponto a altura da garganta.

U

UCHI *[utxí]* – interior, por dentro. Também diz-se dos golpes de percutir, por exemplo: Ura-Uchi.

UCHI-DECHI *[utxí-dêtxí]* – diz-se do praticante interno de uma organização de Budô. É aquele que mora e treina dentro de uma escola. Aluno interno.

UCHI-GARI *[utxí-garí]* – ceifada por dentro. Golpe efetuado com a perna por dentro das do oponente, imitando uma ceifada.

UCHIHACHIJI-DACHI *[utxí-rratxí-datxí]* – uma das bases do Karatê-Dô, também chamada de "Naifanchin-Dachi".

UCHI-KOMI *[utxí-cômí]* – várias entradas sucessivas preparando um arremesso, sem obter-se sucesso nas quedas.

UCHI-MA *[utxí-má]* – distância para um golpe de espada, dando-se um passo à frente.

UCHI-MAKE *[utxí-maquê]* – tocar com a arma.

237

UCHI-MATA *[utxí-mátá]* – golpe de projeção pelo ombro.

UCHI-OTOSHI-WAZA *[utxí-ôtôxí-uazá]* – técnicas de ataques com a espada no Ken-Jutsu.

UCHI-TACHI *[utxí-tatxí]* – a espada que ataca, o atacante com espada.

UCHI-UKE *[utxí-uquê]* – defesa com o antebraço de dentro para fora.

Uchi-uke

UCHI-WAZA *[utxí-uazá]* - conjunto de defesas de dentro para fora. Diz-se também dos golpes de percutir, por exemplo: Haito-uchi, shuto-uchi.

UDE *[udê]* – braço.

UDE-BARAI *[udê-baraí]* – golpe do Kendô (Ken-Jutsu), parada de defesa. Também, varrer com o braço.

UDE-GARAMI *[udê-garamí]* – envolvimento do braço opositor, com forçamento da articulação. Chave de braço.

Ude-Garami

UDE-GARAMI-HEKA-WAZA *[udê-garami-rrêncá-uazá]* – chave de estrangulamento dos joelhos.

UDE-HIJIKI *[udê-rridjiquí]* – prensar o braço, travar o braço.

UDE-HISHIGI *[udê-rrixiguí]* – chave de estrangulamento por torção, partindo da posição ajoelhada.

UDE-HISHIGI-HIZA-GATAME *[udê-rrixiguí-rizá-gatamê]* – chave de estiramento, para girar durante a queda.

UDE-HISHIGI-JUJI-GATAME *[udê-rriziguí-djudji-gatamê]* – chave de estiramento lateral, partindo da posição ajoelhada.

UDE-KANSETSU *[udê-cânsêtsú]* – articulação do braço (cotovelo).

UDE-NOBASHI *[udê-nôbaxí]* – chave de braço.

UDE-OSAE *[udê-ôsaê]* – chave de estiramento do braço, no Aikidô.

UDE-UKE *[udê-uquê]* – defesa com o braço.

UECHI-KAI *[uêtxí-caí]* – escola que desenvolve e ensina o estilo "Uechi-Ryu" de Karatê-Dô.

UECHI-RYU *[uêtxí-riú]* – estilo de Karatê-Dô criado pelo grande mestre Kanbu Uechi na ilha de Okinawa, sendo considerado como um dos mais tradicionais estilos de Karatê de Okinawa.

UKE *[uquê]* – defesa, defensor, quem defende.

UKE-BARAI *[uquê-barai]* – golpe de espada, parada de defesa. Diz-se também dos golpes de defesas varrendo.

UKE-DACHI *[uquê-datxí]* – posição natural de defesa.

UKEMI *[uquêmí]* – cair, rolar. Exercícios de quedas e rolamentos.

UKEMI-WAZA *[uquêmi-uazá]* – conjunto de todas as quedas e rolamentos.

UKERU *[uquêrú]* – o bloqueio de um golpe, no Kendô.

UKE-TE *[uquê-tê]* – a mão que defende.

UKE-WAZA *[uquê-uazá]* – conjunto de todas as técnicas de defesa.

UKI *[uquí]* – flutuar, nadar, deslizar.

UKI-GATAME *[uquí-gatamê]* – golpe de agarramento, partindo da posição de quatro.

UKI-GOSHI *[uquí-gôxí]* – galeio com os quadris.

UKI-OTOSHI *[uquí-ôtôxí]* – golpe com a mão nos treinos de solo, no Judô e no Ju-Jitsu.

UMA BARI *[uma-barí]* – agulha e cavalo (estilete) utilizado pelos lutadores do Nin-Jutsu.

UMA-SANKAKU *[umá-sâncacú]* – a postura do Aikidô, triangular, o mesmo que "Hito" e "Mi".

UN-SHU *[unxú]* – nome de um Kata do Karatê-Dô, quer dizer - abrindo as nuvens ou defesa contra a nuvem, originário da região de Tomari (Tomari-Te) da ilha de Okinawa. Existe um outro Kata similar com o nome de Unsu, praticado atualmente pela escola "Shotokan-Ryu" entre outros. Esse Kata, também é chamado de Un-Te por algumas escolas tradicionais de Okinawa. Esse Kata também é executado pela escola Wado.

UNSU *[unsú]* – nome de Kata. Ver Unshu.

UN TE *[untê]* – nome de Kata. Ver Unshu.

URA *[urá]* – contrário, oposto.

URA-GATAME *[urá-gatamê]* – golpe de arremesso, aplicado no quarto inferior do corpo do adversário.

URA-KAKATO-GERI *[urá-cacatô-guêrí]* – golpe semicircular de fora contrária com o pé, onde o lutador utiliza o calcanhar para acertar o oponente.

URA-KEN *[urá-quên]* – oposto da mão fechada, ou ataque com o oposto da mão fechada.

URA-MAWASHI-GERI *[urá-mauaxí-guêrí]* – o mesmo que Ura-kakato-geri.

URA-NAGE *[urá-naguê]* – arremessos contrários, pelas costas.

URA-SHIHO-GATAME [urá-xirrô-gatamê] – golpe de agarramento, no Judô e no Ju-Jitsu, aplicado no quarto superior do braço do oponente.

URA-UCHI [urá-utxí] – ataque com o oposto da mão fechada. Ver Ura-Ken.

URA-ZUKI [urá-tsuquí] – soco curto, normalmente efetuado de baixo para cima, colado ao oponente.

U-SESHI [u-sêxí] – nome antigo do Kata Gojushiho.

USHIRO [utxirô] – atrás.

USHIRO-DORI [utxirô-dôrí] – ataque pelas costas.

USHIRO-GERI [uxirô-guêrí] – chute para trás.

Ushiro-geri

USHIRO-GOSHI [utxirô-gôxí] – golpe nos quadris por trás, das técnicas de ataques do Judô e do Ju-Jitsu.

USHIRO-JIME [utxirô-djimê] – enganchamento do pescoço por trás, nas técnicas de ataque do Goshin-Jitsu.

USHIRO-KAKATO-MAWASHI-GERI [uxirú-cacatô-mauaxí-guêrí] – chute semicircular executado com o calcanhar de forma contrária, em direção ao oponente à frente do executante.

USHIRO-UKEMI [uxirô-uquêmí] – queda para trás.

UTA [utá] – hino, canção, melodia, música, poema, marcha, etc.

UTSU [utsú] – acertar, dar em cheio.

UTSUI [utsúi] – deslocar, transferir.

UTSURI [utsurí] – mudar, deslocar, trocar.

241

utsuri dori **uwate nage**

UTSURI DORI *[utxirô-êrí-dôrí]* – ataque por detrás da gola da túnica, no Goshin-Jitsu

UTSURI-GOSHI *[utsurí-gôxí]* – golpe utilizando os deslocamentos dos quadris, pelas costas.

UTSURI-ERI-DORI *[utxirô-êrí-dôrí]* – ataque por detrás da gola da túnica, no Goshin-Jitsu

UYE *[uiê]* – para cima, em cima.

UWATE NAGE *[uuátê-nagê]* – arremesso. Técnica em que o lutador gira o quadril e desequilibra o adversário. Golpe utilizado no Sumô.

W

WA [*uá*] – paz, harmonia.

WADO [*uádô*] – caminho da paz, da harmonia.

WADO-KAI [*uadô-caí*] – escola que desenvolve e ministra o estilo Wado-Ryu

WADO-RYU [*uádô-riú*] – estilo de Karatê criado pelo grande mestre Hironori Otsuka em 1933. Esse estilo de Karatê, é considerado um estilo de Jiu-Jitsu, pois, oriundo do Shindo Yoshin-Ryu Jiu-Jitsu, Tochin Kenpo e Okinawa-Te, foi adaptado aos moldes do Karatê da época, pelo mestre Otsuka, que já o era mestre de Jiu-Jitsu "Shindo Yoshin-Ryu". O seu treinamento, é diferenciado dos demais estilos de Karatê, pois,

Ohyo-Kumite - Mestre Jironori Otsuka, defendendo oponente com espada.

Símbolo Wado-Ryu

wado-ryu-kata · wakaru

além dos treinos convencionais, é praticado técnicas de projeções, imobilizações, estrangulamentos e utilização de armas, como: katana, tanto, tanbo e bo. Ver Hironori Otsuka.

WADO-RYU-KATA *[uádô-riu-catá]* – são os Katas praticados pela escola Wado. Atualmente são 18 formas, a saber: Kihon no Kata; Pin-an Sho-dan; Pin-an Ni-dan; Pin-an San-dan; Pin-an Yon-dan; Pin-an Go-dan; Kushan-ku; Naifanchi; Passai; Jion; Seishan; Jitte; Niseishi; Ji'in; Sochin; Rohai; Chin-to; Wan-shu. No entanto, outros Katas são praticados nessa escola, como: Suparinpei, Un-shu, Cho Bo Tei, Sushi no Konshu, etc. O mestre Otsuka, apresentou mais de 30 Katas à Butokuden. No entanto, selecionou esses 18 como os principais e mais importantes, dizendo ele: "quantidade não é qualidade".

WA-JITSU *[uá-djítsú]* – antigo método de Ju-Jitsu, que inspirou não só o grande mestre Morihei Uiyeshiba na criação do seu Aikidô, como também o mestre Hironori Otsuka, pelas técnicas contidas neste estilo e pela filosofia do mesmo, principalmente pela idéia de "WA" – paz, harmonia.

WA-JITSU-RYU *[uá-djitsu-riu]* – antiga modalidade de Jiu-Jitsu. Sendo uma das modalidades que influenciou o mestre Hironori Otsuka, na criação do seu estilo Wado. O termo "WA" é conservado no nome do estilo Wado-Ryu.

Antigos lutadores de Ju-Jutsu

WAKARE *[uacarê]* – separar-se, retirar-se.

WAKARU *[uacarú]* – o ato de separar os lutadores, de Kendô.

WAKA-SENSEI *[uacá-sensêî]* – jovem mestre, naturalmente o filho do "Doshu", que assumirá o respectivo posto no futuro. Diz-se também que é indicado pelo "Soke", ou mestre responsável, para representá-lo.

WAKI KOGAI *[uaqí-qôgá]* – palitos de ferro ou aço dividido em duas partes iguais, utilizadas pelos ninjas.

WAKI-NO-KAMAE *[uaquí-nô-canmaê]* – postura do "Jo", onde o mesmo é colocado para trás, para baixo.

WAKIZASHI *[uaquizáxí]* – o sabre mais curto imediatamente à "katana" dos samurais. Também chamada de espada companheira.

WAN *[uân]* – o antebraço.

WANDAU *[uandaú]* – nome de um antigo Kata, originário da região de Tomari (Tomari-Te) da ilha de Okinawa.

WANDO *[uandô]* – nome de um antigo Kata, originário da região de Tomari (Tomari-Te) da ilha de Okinawa.

WANKAN *[uancân]* – nome de um Kata, quer dizer, coroa do rei, coroa imperial, originário da região de Tomari (Tomari-Te) da ilha de Okinawa. Os nomes antigos do mesmo são Matsukaze, Wankwan.

WANKWAN *[uanquân]* – nome de um Kata. Ver Wankan.

WAN-SHU *[uanxú]* – nome de um antigo Kata, quer dizer, vôo da andorinha, originário da região de Tomari (Tomari-Te) da ilha de Okinawa. Há um outro Kata similar, com o nome de Enpi. Uma outra versão é encontrada como: Tomari no Wanshu.

WAN-TE *[uan-tê]* – nome de um antigo Kata, sendo uma versão do "Suparinpei Kata".

WASHIDE *[uaxidê]* – bico de águia.

WASHI-TE *[uaxi-tê]* – posição dos dedos da mão, em forma de bico de águia.

WAZA *[uazá]* – técnicas, conjunto de técnicas.

WAZARI *[uazárí]* – meio ponto, conforme os regulamentos dos campeonatos.

WAZARI-AWASETE-IPPON *[uazárí-auasêtê-ipôm]* – diz-se de duas qualificações que formam um ponto, de acordo com as regras de competições.

Y

YA *[ia]* – flecha de madeira ou de bambu, para o "Yumi".

YABURU *[iaburú]* – desafio, desafiar, instigar, etc.

YABUSAME *[iabusamê]* - o arco e flecha japonês, normalmente praticado em cavalo a galope. Também diz-se do guerreiro que pratica essa arte.

YAKIBA *[iaquibá]* – ponto de têmpera especial na lâmina da espada (Katana).

YAKU-SOKU *[iacú-sôcú]* – combinação, combinado, permitido, avisado. Diz-se também de promessa, acordo, pacto, compromisso.

YAKU-SOKU-KUMITE *[iacú-sôcú-cumitê]* – treinamento combinado de luta. Técnicas de luta, previamente avisadas ou combinadas.

YAMA *[iamá]* – montanha, colina, monte. Também diz-se "Jama".

YAMA-ARASHI *[iamá-araxí]* – nome da famosa técnica de Judô e do Ju-Jitsu, utilizada por Sugata

yama-bushi   yawara

Sanshiro, para vencer um grande lutador de Karatê da época.

YAMA-BUSHI *[iamá-buxí]* – nome dado aos guerreiros japoneses que viviam na época nas montanhas.

YAMA-KAKIWAKE *[iamá-caquiuáquê]* – os dois braços levantados, paralelamente aos ombros, e as mãos abertas "shuto" acima da cabeça. Ex.: no Jitte Kata.

YAMATO *[iamatô]* – o espírito de luta, de honra, do povo japonês.

YAMA-TSÚKI *[iamá-tsuquí]* – soco montanha, soco do tamanho de uma montanha, normalmente é executado com os dois braços, simulando uma montanha.

YAME *[iamê]* – parar.

YANG *[iâng]* – o positivo, o ativo.

YARI *[iári]* – lança.

YARI-DO *[iári-dô]* – caminho do dardo, da lança.

YARI JITSU *[iarí-djítsú]* – a arte de manejar uma lança, composta de uma lâmina perpendicular. Modalidade também dominada pelos ninjas.

YAS'SME , YASUME *[ias'smê]* – descontrair-se, à vontade.

YASUMU *[iasumú]* – repousar.

YASURI *[iasurí]* – sinais ou marcação na espada.

YASUTERU *[iasutêrú]* – nome de um Kata, originário da região de Naha (Naha-Te) da ilha de Okinawa.

YAWARA *[iauará]* – antiga técnica de Ju-Jitsu, que utiliza um pequeno bastão pouco maior que a palma da mão. Tem por finalidade golpear os pontos

yin **yoko-men**

vitais do corpo humano, como: nervos, músculos e articulações.

YIN *[i'in]* – o negativo, o passivo.

YIN-NO-TACHI *[i'in-nô-tatxí]* – o defensor, do atacante com espada.

YIU-WAZA *[i'iú-uazá]* – ataque livre.

YOI *[iôi]* – preparar, atenção, etc.

YOKO *[iôcô]* – lado.

YOKO-ENPI-UCHI *[iôcô-êmpí-utxí]* – ataque com o cotovelo para o lado.

YOKO-GAKE *[iôcô-gaquê]* – puxada para o lado, nas técnicas de golpes de corpo.

YOKO-GERI *[iôcô-guêrí]* – chute para o lado.

YOKO-GURUMA *[iôcô-gurumá]* – arremesso lateral, das técnicas de golpes com o corpo.

YOKO-HIZA-GATAME *[iôcô-rrizá-gatamê]* – chave de estiramento das virilhas, partindo da posição ajoelhado.

YOKO-JUJI-JIME *[iôcô-djudji-djimê]* – golpe de estrangulamento.

YOKO KIRI *[iôcô-kirí]* – forçar para fora. O lutador segura a alça do cinturão internamente, ou colocando os dois braços internamente aos do oponente, forçando-o a sair da área – Dohyo. Termo que poderá ser interpretado como: cortar o lado, cortar lateral ou cortar pelo lado.

YOKO-MEN *[iôcô-mên]* – golpe lateral do "MEN" na altura da orelha com a espada.

249

YOKO-MEN-UCHI *[iôcô-mên-utxí]* – batida na cabeça, de lado.

YOKO OTOSHI *[iôcô ôtôxí]* – cair lateralmente ao solo.

YOKO-SASASHI-ASHI *[iôcô-saxí-axí]* – deslocamentos dos pés para os lados. Normalmente é usado nos Katas Naifanchi, Tekki, Gojushiho, Chinte, etc.

YOKO-SEISHAN-DACHI *[iôcô-sêixân-datxí]* – nome de uma das bases do Karatê-Dô. É uma base tipicamente do estilo "Wado-Ryu".

YOKO-SHIHO-GATAME *[iôcô-xirrô-gatamê]* – golpe de agarramento em quatro ângulos.

YOKO-TE *[iôcô-tê]* – mão para o lado.

YOKO-TOBI *[iôcô-tôbí]* – saltar para o lado.

YOKO-TOBI-GERI *[iôcú-tôbí-guêrí]* – chute saltado para o lado, ou lateral saltado.

YOKO-UCHI *[iôcô-utxí]* – golpe lateral, nas exibições de autodefesa (Goshin-Jitsu) do Kime no Kata.

YOKO-UDE-HISHIGI *[iôcô-udê-rrixiguí]* – chave de estiramento e virada por cima.

YOKO-UKEMI *[iôcô-uquêmí]* – cair para o lado.

YOKO-WAKARE *[iôcô-uacarê]* – arrancada para o lado.

YOKOZUMA *[iôcôzumá]* – posição e/graduação máxima atingida pelos lutadores de Sumô.

YON-DAN *[iôn-dân]* – quarto grau. Graduação outorgada aos faixas pretas do Budô.

YON-HON-NUKITE *[iôn-rrôn-nuquitê]* – os quatro dedos da mão.

YON-JIU *[iôn-djíu]* – número quarenta.

yon-jiu, yon-ju **yoshin-ryu**

YON-JIU, YON-JU *[iôn-djíu]* – quarenta. Número quarenta.

YON-NO-TACHI *[iôn-nô-tatxí]* – o atacante com espada, é o que avança.

YOROI *[iôrôi]* – armadura.

YOROSHI *[iôrôxí]* – muito bom, digno de louvor.

YORU *[iôrú]* – chegar mais perto, aproximar-se na arte da espada.

YOSEIKAN *[iôsêicân]* – escola, instituto de Artes Marciais.

YOSHI *[iôxí]* – continuem.

YOSHIN *[iôxín]* – disciplina espiritual, cultura, moral. Também diz-se "Coração de Salgueiro", nome dado ao estilo "Yoshin-Ryu" de Ju-Jitsu pelo seu fundador, o grande mestre Shirobei Akiyama. Ver Yoshin-Ryu.

YOSHINAO NANBU *[iôxinaô nanbú]* – nome do mestre criador do estilo "Sanku-Ryu" de Karatê-Dô e da escola Sanku-Kai.

YOSHIN-RYU *[iôxin-riú]* – estilo do Coração de Salgueiro. Estilo de Ju-Jitsu criado em meados dos anos 1500 e 1600 no Japão, pelo mestre Shirobei Yoshitoki Akiyama. Esse estilo deu origem a uma variante chamada "Shindo Yoshin-Ryu", e através desta surgiu a escola "Wado-Ryu", que também é considerada uma escola de Ju-Jitsu, com técnicas do Okinawa-Te (Karatê) adaptadas à situação atual, inclusive com grande influência nas competições, em face do uso constante das esquivas, advindas do Ju-Jitsu. A história conta que este mestre se encontrava sentado em um despenhadeiro, observando o cair da neve

251

na vegetação, e, ao olhar uma árvore de salgueiro, viu como a mesma deslocava-se para baixo e para cima a medida que a neve caia sobre, sem que a mesma quebrasse ou morresse, aí então, esse mestre disse: "o meu estilo de Jiu-Jitsu, se chamará – Coração de Salgueiro (espírito de salgueiro). Ver Shindo Yoshin-Ryu.

YOSIASHI *[iôriaxí]* – deslocamento do corpo sem mudança de peso.

YUBI *[iubí]* – dedo.

YUBIWA *[iubiuá]* – anel.

YUDANSHA *[iudânxá]* – classificação dada aos portadores de faixas pretas.

YUDANSHA-KAI *[iudânxá-cái]* – reunião, associação ou grupo de faixas pretas.

YUKA *[iucá]* – almofadão ou cepos de madeira onde são assentados os tatames.

YUKO *[iucô]* – pontuação nas regras de competição do Judô.

YUKO-UCHI *[iucô-utxí]* – meio ponto.

YUMI *[iumí]* – o arco, normalmente feito de bambu. Madeira flexível e resistente.

YUMI-ZUKI *[iumí-tsuquí]* – soco em profundidade, sem a necessidade do "hikite", chocando-se com o oponente, como no Jion Kata.

YUSEI-GACHI *[iusêi-gatxí]* – vitória vantajosa, vitória com larga vantagem. Também se diz Yusei-Kachi.

YUUKO-DATOTSU *[iuúcô-datôtsú]* – quando um golpe é considerado em uma luta ou competição, conforme a Federação Internacional de Kendô.

Z

ZA *[zá]* – sentar, sentado.

ZA-HO *[zarrô]* – maneira, exercícios de sentar.

ZANCHIN *[zântxín]* – estado máximo de alerta de um lutador. Também se diz "deixar a alma". É uma atitude em combate, em que o lutador não se deixa abater ou desarmar-se diante do golpe do inimigo ou derrota.

ZA-REI *[zarêi]* – cumprimento, estando sentado (de joelhos – Sei-Za).

ZA-ZEN *[zazên]* – nome da meditação Zen. O Zazen, é o exercício executado na postura sentada (Sei-Za), ou em postura de lótus, criando a vacuidade do pensamento. Durante o Zazen, o praticante deve criar o vazio total em seu espírito, com o fim de torná-lo completamente receptivo. Ocorre então o "pensamento

Monge praticando o Za-zen

253

zen   zenpaku

sem pensamento", o "Hishiryo", uma dimensão de pensamentos sem consciência, experimentado com o objetivo de regressar à condição humana original, desprovida de toda incerteza humana – o pensamento, "Mushotoku", sem finalidade e sem desejo de proveito. O Zen praticado nas Artes Marciais é o Zen Soto, ou Zen Soto-Shu.

ZEN *[zên]* – meditação. Originalmente *Dhyana* (em sânscrito), mais tarde *Ch'an* (em chinês) e Zen (em japonês). Esse método de meditação foi criado por *Bodhidharma*, no templo *Shaolin*, na China. *Bodhidharma*; é considerado por muitos como o 28º patriarca do Budismo, (doutrina criada por Buda, nascido no ano 603 a C., em *Kapilavastu*, "a capital dos *Sakyas*", localizada aos pés do *Himalaia*, no norte da Índia, filho do príncipe real *"Sakyamuni"* – *Gautama Siddhartha*). A partir dele, toda linhagem Gem de patriarcas se reiniciou. O 6º patriarca Ch'an, chamado de *Hui Neng* (*Wei Lang* em cantonês, e Yeno em japonês), teve dois alunos que se tornaram a base de onde surgiram as duas maiores escolas Zen do Japão: a Soto e a Renzai. O Zen é o sustentáculo das maiores expressões artísticas da cultura japonesa. A partícula "DO" das Artes Marciais é proveniente do Budô japonês, que encerra o conteúdo Zen dessas artes. Era a filosofia dos samurais. Foi nessa meditação que o grande mestre samurai Miyamoto Musashi se baseou para criar o código de ética e/ou de honra chamado BUSHIDO.

ZENKUTSU-DACHI *[zencútsú-datxí]* – nome de uma das bases do Karatê-Dô.

ZENPAKU *[zêmpacú]* – antebraço.

254

zenpo **zuki**

ZENPO *[zêmpô]* – à frente.

ZENPO-TENKAI *[zêmpô-têncái]* – rolar para frente, exercícios de quedas.

ZENSHIN *[zênxín]* – mestre superior do Zen.

ZOKO *[zôcô]* – recomecem a luta, das regras de competição.

ZORI *[zôrí]* – sandálias japonesas de palha de arroz.

ZUBON *[zubôm]* – calças.

ZUKAMI *[zúkamí]* – o toque, pegar, agarrar.

ZUKI *[tsuquí]* – soco.

Tradução de Alguns Termos Usados nas Artes Marciais

Português para o Japonês "Romanji"

A

Academia - Dojo

Advertência - Chuikoku, chui; termo usado nas regras de competições de Artes Marciais

Ajoelhar-se - Za

Alerta total - Zanchin

Aluno - Seito

Aluno antigo - Senpai

Aluno interno - Uchi dechi

Amarela - Dadaiiro

aplicação   azul

Aplicação - Bunkai

Aplicação de formas - Bunkai Kata

Árbitro - Shipan

Árbitro auxiliar de linha - Fukushin; termo usado nas regras de competições de Artes Marciais

Árbitro auxiliar de mesa (anotador) - Kansa; termo usado nas regras de competições de Artes Marciais

Árbitro central, principal - Sushin; termo usado nas regras de competições de Artes Marciais

Arte da guerra (Artes Marciais) - Budô

Articulação - Kansetsu

Articulação da perna - Ashi kansetsu

Articulação do braço - Ude kansetsu

Articulação do cotovelo - Hiji kansetsu

Articulação do joelho - Hiza kansetsu

Articulação do pulso – Kote kansetsu

Associação (liga, federação, sindicato, grupo, etc.) – Kai, Ren'mei, etc.

Ataque - Seme, Tori

Atrás - Ushiro

Autoridades em um evento - Shomen (Shomen ni rei *"cumprimentem as autoridades"* – frase utilizada nos eventos marciais)

Azul - Aoi, Ao

258

B

Bandeira - Hata

Barriga - Hara

Bases - Dachi

Básico - Kihon

Bastão curto - Tan-bo

Bastão longo - Bo

Bastão médio - Jo

Bico de águia - Wanshite, wanshide

Boa-tarde - Konichiwa

Bom-dia - Ohayo Gozaimas (shita)

Braço - Ude

Branca (cor) - Shiro

C

Cabeça - Atama

Calcanhar - Kakato

Caminho - Dô, michi

Caminho da espada - Kendô, Ken-jitsu; a arte japonesa do manejo da espada. A origem do Kendô, remonta a história do passado há mais de 657 anos a.c., chamada também de Idade dos Deuses. Desde épocas remotas, não se limitava só à defesa pessoal ou à sua utilização em guerras, mas continuava com outro objetivo, que era adquirir um espírito forte, pleno e tranqüilo. No transcorrer da história, houve algumas fases em que o homem desinteressou-se

caminho da espada   caminho das mãos vazias

do aprendizado, e outras, em que se dedicava assiduamente à sua prática, assim, foram inúmeras as dificuldades para que essa arte chegasse aos nossos dias. Durante a história, a sua prática provocava muitas vítimas e mutilações desnecessárias em seus treinamentos aos budokas, assim foram criadas o Bokuto – espada de madeira maciça, também chamada de Bokken (um outro tipo de espada de madeira), mas, mesmo assim continuava a gerar vítimas e as intermináveis mutilações. Por volta de 1710, Era Shotoku (1711 – 1716), foi criada a espada de bambu, pelo mestre Naganuma Shirozaemon Kunisato, da escola Jiki-Shinkage-Ryu, inclusive, o primeiro a adotar o uso do Kote – protetor de pulso e antebraço e o Men – protetor de cabeça, considerado menos perigoso para os treinos, que é utilizado até hoje, composto de tiras de bambu, couro, etc., e é chamada de Shinai. Por volta de 1740, inspirados nos escudeiros japoneses, os mestres espadachins improvisaram protetores de tórax e de crânio, bem como as luvas, entre esses, o mestre Nakanishi Tanemasa adotou o Do – protetor de tórax e/ou abdome, e o Tare – protetor da pélvis, isso no período Horeki (1751 – 1764). O Kendô, tem sua influência provavelmente da China. Originalmente, as espadas japonesas não tinham o aspecto curvo como as atuais, mas eram retilíneas-planas de concepção estrutural primitiva. As espadas atuais e as pesadas armaduras, que eram confeccionadas com couro, bambu seco, etc.), surgiram por volta de 940 d.C..

Caminho das mãos vazias - Karatê-Dô; Arte Marcial oriunda do Okinawa-Te da ilha de Okinawa, que por sua vez, sucedeu o Shorin Ji Kenpo, do mosteiro

Shaolin da China, e como sua raiz, considera-se o *Vajramushti* da Índia, portanto, seu nascimento genealógico ocorrido há mais de 2.000 anos. No que tange ao Karatê-Dô, propriamente dito à sua origem na ilha de Okinawa, conforme dados históricos, atribui-se ao grande mestre Sokon Matsumura (1809-1896) nas primeiras exibições das técnicas do Okinawa-Te, no entanto, já existiam na região outros mestres que por lapso ou esquecimento de alguns autores da história não os cita, como: Peichin Takahara, Chatan Yara, Ku-Shan-Ku, etc., de origem chinesa, com certeza tiveram papéis bastante significativos para a instalação e proliferação do Kenpo Chinês (chamado de To-De – Mãos de Okinawa, pelos moradores da ilha). Após alguns anos, contribuíram também para sua codificação, divulgação e expansão os mestres: Kanryu Higaonna "Higashionna" (1845-1916), Itosu Yasatsune "Anku" (1832-1916), Chojun Miyagi (1885-1953), Choku Motobu (1871-1944), Agena (1870-1924), Kyan Chotoku (1870-1945), Kanbu Uechi (1877-1948), Kenwa Mabuni (1887-1957), Hokan Soken (1889-1973) e o próprio Gichin Funakoshi (1869-1957). Quando da aparição do Okinawa-Te no Japão, levado por uma equipe de mestres de Okinawa, liderados pelo grande mestre Gichin Funakoshi, essa modalidade foi aceita com muito entusiasmo pelo povo japonês, haja vista que os japoneses já conheciam outras modalidades de lutas, sendo, portanto, grandes guerreiros, destacando-se a classe dos samurais. Já no Japão, grandes mestres se destacaram posteriormente com seus importantes trabalhos, como: Gogen Yamaguchi, Hironori Otsuka, Masutatsu Oyama, Tomoyori Takamasa, Teruo Hayashi e mais recentemente, Yoshinao

caminho da paz   caminho da suavidade

Nanbu, que criaram e nominaram os seus grandiosos estilos de Karatê-Dô, entre eles: Goju-Ryu, Wado-Ryu, Shotokan-Ryu, Shito-Ryu, Kenyu-Ryu, Sanku-Ryu, Shorin-Ryu, Shorei-Ryu, Uechi-Ryu, Ishin-Ryu, etc. A palavra Karatê, surgiu por imposição do povo japonês, pois esse povo vivia em guerras constantes com a China, e não admitia nada que tivesse essa cultura, assim, foi modificado o próprio "kanji" e passa a ser chamada de Karatê – Kara: vazio (da filosofia Zen-budista; esvaziar a mente, manter corpo e mente unido à natureza, etc.) e Te: mão.

Caminho da paz - Wado; estilo de Karatê criado pelo grande mestre Hironori Otsuka em 1933. Este estilo de Karatê, é considerado um estilo de Jiu-Jitsu, pois foi oriundo do Shindo Yoshin-Ryu Jiu-Jitsu, Tochin Kenpo e Okinawa-Te, sendo adaptado aos moldes do Karatê da época pelo mestre Otsuka que já o era mestre da modalidade. O seu treinamento é diferenciado dos demais estilos de Karatê, pois, além dos treinos convencionais, é praticado técnicas de projeções, imobilizações, estrangulamentos e utilização de armas, como: katana, tanto, tanbo e bo. Ver: Wado-Ryu.

Caminho da suavidade - Judô; esta modalidade de luta é oriunda do Ju-Jitsu, pois o seu idealizador e criador, grande mestre Jigoro Kano era praticante de modalidades de Ju-Jitsu da época. Assim, depois de estudar, analisar, pesquisar e sistematizar, esse mestre aboliu diversas técnicas consideradas por ele traumáticas e que facilmente causariam aos oponentes transtornos, prejuízos e machucões sérios que poderiam causar-lhes até a morte, e assim, criou o seu famoso Judô, que quer dizer: "Caminho Suave"

caminho da união do espírito ao universo

ou "Caminho da Suavidade". Esse mestre após treinar outras modalidades, entre essas; Kito-Ryu, Yoshin-Ryu e Tenjin-Shinyo-Ryu, absorvendo grande conhecimento técnico-prático, juntamente com suas pesquisas literárias, solidificando as suas idéias de criar uma modalidade diferenciada do Ju-Jitsu tradicional, e que pudesse ser utilizada como modalidade esportiva também. Estudou também o Sekiguchi-Ryu e Seigo-Ryu, analisando também as técnicas do Sumô. O mestre Jigoro Kano nasceu em 1860 e faleceu em 1938. Antes porém, de definir e nominar o seu estilo de luta - o Judô, fundou a Kodo-Kan com ajuda do próprio governo japonês. Ver: Jigoro Kano.

Caminho da união do espírito ao Universo - Aikidô; caminho da união do espírito com o Universo. Estilo de Arte Marcial oriunda da mescla do antigo Ju-jitsu. A maior influência, foi do Kito-Ryu Jitsu e do Aiki-Jitsu aliada a uma série de modalidades praticadas pelo mestre Uiyeshiba à filosofia de veneração doutrinada pelo mestre Deguchi. Esse estilo de luta, foi criado em 1927 pelo grande mestre Morihei Uiyeshiba. A história do Aikidô confunde-se com a vida do grande mestre Morihei Uiyeshiba. O começo de sua vida no caminho do Budô deu-se aos 10 anos de idade. Durante a sua vida marcial, treinou e estudou diversas modalidades da época, como: Koshin no Kata Ju-Jitsu, Ken-Jitsu, Aisu-Kuge-Ryu e Daito-Ryu, estudou o Ken (sabre), Yari (lança) e o Naginata (alabarda) da escola Shinkage. A partir daí, começou a estudar todos os lutadores das diversas Artes Marciais da época, imaginando-os portando armas. Em 1918, encontra-se com o reverendo Onisaburo Degushi. Com os seus aprendizados teológicos, embasou

caminho do arqueiro | chute no tronco

a sua prole, o Aikidô. Seu pai, que também era praticante de uma antiga modalidade de Ju-Jitsu, chamada Aiki-Jitsu, sem dúvida nenhuma lhe transmitiu as técnicas e os segredos deste importante estilo, que notoriamente deu à luz a criação para esse grande mestre, criar o Aikidô – Caminho da harmonia do corpo e da mente com a natureza. O mestre Morihei Uiyeshiba nasceu na província de Kii, em novembro de 1883, e veio a falecer em 1969. Foi fundador da Fundação Aiki-Kai e presidente da *Budo Sen Yokai*. Este mestre foi laureado com diversas honrarias, não só pelas organizações de Artes Marciais japonesas, mas também pelo Imperador Hiroito. Entre os seus alunos mais famosos, citamos: Ryosuke Suzuki, Minoru Mochizuki, Kenji Tomiki, Rengiro Shirata, Ioichiro Inoue, Hisao Kamata, Hajime Iwata e Gozo Shioda.

Caminho do arqueiro - Kyudô

Caminho do guerreiro - Bushidô

Caminho do sabre - Iaidô

Canção, hino, marcha - Uta

Chute - Geri, keri

Chute avançando - Okuri-geri

Chute com o calcanhar - Kakato-geri

Chute com o joelho (joelhada) - Hiza-geri

Chute na cabeça (parte superior do corpo) - Jodan-geri [termo usado nas regras de competições de Artes Marciais]

Chute no tronco (parte média do corpo humano) - Chudan-geri [termo usado nas regras de competições de Artes Marciais]

chute para a frente   **corpo**

Chute para frente - Mae-geri

Chute para o lado - Yoko-geri

Chute para trás - Ushiro-geri

Chute saltado - Tobi-geri

Chute saltado para frente - Mae-tobi-geri

Chute saltado para o lado - Yoko-tobi-geri

Chute saltado para trás - Ushiro-tobi-geri

Chute semicircular - Mawashi-geri

Cinco - Go

Classe - Kyu

Código de Ética e Conduta de uma Academia - Dojo-kun

Código de Ética e Honra do Samurai – Bushidô; 1-Código de ética e de honra dos samurais. 2-O caminho do Guerreiro. Diz-se que essa forma de procedimento foi codificada e sistematizada pelo lendário samurai Miyamoto Musashi viveu nos anos 1584 a 1645. Esses preceitos já existiam dentro da conduta guerreira, e foi exaltada desde a Era Kamakura (1185 – 1391) até 1867 com a Era Tokugawa. Essas virtudes, saem da maneira e procedimentos de combate para a conduta de vida, como: defender os idosos, as crianças, as mulheres.

Com licença, por favor - Gomen'nasai

Começar - Hajime

Concentração - Za-zen

Coração, sentimento - Seishin

Corpo - Tai

265

costas da mão aberta

defesa com o braço
de cima para baixo

Costas da mão aberta - Haishu

Costas da mão fechada - Ura-ken, ura-ken-uchi

Cotovelo - Hiji, enpi

Cumprimentar - Oss

Cumprimento Rei

Cumprimento ao mestre - Shihan-ni rei

Cumprimento ao templo (divindade) - Kamiza-ni rei

Cumprimento às autoridades em um evento - Shomen-ni rei

Cumprimento ao árbitro - Shipan-ni rei

Cumprimento ao professor - Sensei-ni rei

Cumprimento entre os participantes de um evento - Otagai-ni rei

D

Decisão - Hantei [termo usado nas regras de competições de Artes Marciais]

Dedo - Yubi

Defesa - Uke

Defesa com as mãos (abertas em forma de espadas) em cruz - Shuto-juji-uke

Defesa com as mãos (punhos) em cruz - Juji-uke

Defesa com o braço - Ude-uke

Defesa com o braço de baixo para cima - Age-uke, jodan-uke

Defesa com o braço de cima para baixo - Otoshi-uke

266

defesa com o braço de dentro para fora   espada

Defesa com o braço de dentro para fora - Uchi-uke

Defesa com o braço de fora para dentro - Soto-uke

Defesa Pessoal - Goshin-jitsu

Defesa varrendo - Uke-barai

Defesa varrendo na parte baixa - Guedan-barai

Defesa varrendo na parte média - Chudan-barai

Dentro - Uchi

Descontrair-se - Yas'sme

Deslocamento dos pés - Nami-ashi

Deus, divindade - Kami

Dez - Ju, Jiu

Dois - Ni

Dois chutes - Nidan-geri

E

Empate - Hikiwake [termo usado nas regras de competições de Artes Marciais]

Empunhadura da espada – Tsuba/Tsuka

Escola - Kai, kan, dojo

Espada - Katana; é uma das espadas que compõem o arsenal do Samurai. A descoberta da Katana é anterior ao ano 600 de nossa Era, levando-se em conta que a história do Japão se divide em duas fases, uma chamada mitológica "Era dos Deuses" que vai até o ano 600 (d.C.), e a outra da "Era Cristã" aproximadamente, e, graças a isso, se conseguiu exterminar os invasores e montar a primeira capital

espírito, sentimento, coração   **estilo da escola (casa) de madeira (forte)**

administrativa, Naha, inaugurada em 710. No ano 794, a capital foi transferida para Heian, atual Kyoto. A espada chegou ao Japão através dos invasores do Arquipélago que trouxeram consigo o arco e flecha, e a espada reta – "Ken". Como não havia comunicação com o continente, a tentativa de desenvolver algo semelhante à espada era frustrada. Naquele tempo o povo japonês não sabia como transformar o ferro em aço. Eles pensavam que era só amassar, como massa de pão pois, não sabiam que a química do carbono em contato com o ferro originava o aço. Até chegar a esse ponto, as espadas quebravam bastante e somente após 1000 anos de tentativa ao imergir a mesma quente em água fria o artesão japonês, por acaso, curvou a lâmina da espada e durante uma luta ela não quebrou. O imperador chamou o artesão de nome Yamato e o elogiou. Assim surgiu a katana (espada curva) durante o período Naha. A partir daí surgiram os samurais e outros guerreiros que eram contratados pelas famílias dominantes daquele arquipélago. As primeiras famílias a fomentar e manterem o desenvolvimento prático e uso da espada propriamente dita, foram: Kamakura, Fujiwara, Taira e Genji

Espírito, sentimento, coração - Seishin

Esquiva - Sabaki, kawashi, nagashi

Esquiva de chute - Keri-kawashi

Esquiva do corpo - Tai-sabaki

Estilo - Ryu, jitsu

Estilo da escola (casa) de madeira (forte) - Shotokan-Ryu

estilo da floresta, natureza   federação (associação, liga, grupo, etc.

Estilo da floresta, natureza - Shito-Ryu

Estilo da paz - Wa-jitsu, Wa-Ryu

Estilo da verdade - Kyokushin-Ryu

Estilo das três lutas - Sanku-Ryu

Estilo do caminho da paz - Wado-Ryu

Estilo do Rígido e do Flexível - Goju-Ryu

Estrangular - Jime, Shime

Estudo básico - Kihon

Externo - Omote, Ura, etc.

F

Faca - Tan-to

Faca externa da mão - Shu-to

Faca externa do pé - Soku-to

Faca interna da mão - Hai-to

Faixa - Obi

Fora - Soto

Formas - Kata

Fortaleza - Bassai [nome de um Kata]

Frente - Mae

Fundador de um estilo - Soke, Shike

Fundamental, fundamentos - Kihon

Federação (associação, liga, grupo, etc.) – Ren'mei

G

Garganta - Kikan
Genitália - Kin
Golpe - Waza
Golpes mútuos - Aiuchi
Grande – O, daí
Grau - Dan
Grito - Kiai
Guarda - Kamae
Guarda de mão - Kamae-te
Guerreiro - Samurai, bushin, genjin, kenjin

I

Imobilizar - Osae (osae-komi)
Indumentária das Artes Marciais - Budô-gi, keiko-gi
Indumentária do Judô - Judô-gi
Indumentária do Karatê - Karatê-gi
Internacional (mundial, global) - Kokusai

J

Joelho - Hiza
Juiz, árbitro - Shipan [termo usado nas regras de competições de Artes Marciais]

L

Lado - Yoko

lado direito   **lutador de Karatê**

Lado direito - Migi yoko

Lado esquerdo - Hidari yoko

Laranja (cor) - Dadaiiro

Livre, solto, liberdade - Jiyu

Local de competição - Koto, shiai-jo

Local de treino - Dojo

Luta avançada - Ohio-kumite

Luta básica - Kihon-kumite

Luta com mediador - Shiai-kumite

Luta de competição – Shiai-kumite

Luta livre - Jiyu-kumite

Luta por cinco pontos - Shobu-gohon hajime [termo usado nas regras de competições de Artes Marciais]

Luta por dois pontos - Shobu-nihon hajime [termo usado nas regras de competições de Artes Marciais]

Luta por três pontos - Shobu-sanbon hajime [termo usado nas regras de competições de Artes Marciais]

Luta por um ponto - Shobu-ippon hajime [termo usado nas regras de competições de Artes Marciais]

Luta por um ponto e meio - Shobu-ippon-han hajime [termo usado nas regras de competições de Artes Marciais]

Lutador de Aikidô - Aikidoka

Lutador de Artes Marciais - Budoka, budoca, bushi

Lutador de Judô - Judoka, Judoca

Lutador de Karatê - Karateka, karateca

Lutador de Kendô - Kendoka, kendoca, kenshins.

Lutador de Sumô - Sumoka, sumoca

Lutar - Shobu

M

Mão - Te, ken

Mão aberta - Shito, Shuto

Mão fechada - Seiken

Mãos vazias - Karatê

Marrom (cor) - Chairo

Médio - Chudan

Meditação - Za-zen; o Za-zen, é o exercício executado na postura sentada (Sei-Za), ou em postura de *lótus*, criando a vacuidade do pensamento. Durante o Zazen, o praticante deve criar o vazio total em seu espírito, com o fim de torná-lo completamente receptivo. Ocorre então o "pensamento sem pensamento", o "Hishiryo", uma dimensão de pensamentos sem consciência, experimentado com o objetivo de regressar à condição humana original, desprovida de toda incerteza humana – o pensamento, "Mushotoku", sem finalidade e sem desejo de proveito. O Zen praticado nas Artes Marciais é o Zen Soto, ou Zen Soto-Shu.

Mestre - Shihan

N

Nada valeu - Torimassen [termo usado nas regras de competições de Artes Marciais]

nada vi, não vi   **penalidade máxima**

Nada vi, Não vi - Mienai [termo usado nas regras de competições de Artes Marciais]

Nove - Ku, kiu

O

Oito - Hatchi

Olhar - Mie. Não vi, nada vi "mienai"

Olho - Mie

P

Palma da mão - Teisho

Para baixo - Otoshi

Para cima - Age

Parar - Yame ‹

Parte inferior do corpo - Guedan, gedan

Parte média do corpo - Chudan

Parte superior do corpo - Jodan

Pata de urso - Kumade, kumate

Pau para calejamento - Makiwara

Paz - Wa

Pé - Ashi

Peito do pé - Haisoku [termo usado nas regras de competições de Artes Marciais]

Penalidade leve - Keikoku [termo usado nas regras de competições de Artes Marciais]

Penalidade máxima - Hansoku [termo usado nas regras de competições de Artes Marciais]

penalidade média   **quadril**

Penalidade média - Hansoku-chui [termo usado nas regras de competições de Artes Marciais]

Pisão - Fumi-komi

Ponta de dedo - Nukite, shito-zuki

Pontas dos dedos do pé - Yubisaki

Pontas dos dois dedos da mão - Nihon-nukite

Pontas dos três dedos da mão - Sanbon-nukite

Ponto de um dedo da mão - Ippon-nukite

Pontos vitais - Kyushu

Preparar - Yoi

Preta (cor) - Kuro

Professor - Sensei

Projetar - Nage

Projetar pelos quadris - Koshi-nage

Projetar por cima dos ombros - Seoi-nage

Prorrogação - Enchosen [termo usado nas regras de competições de Artes Marciais]

Pulso - Kote

Punição - Shikkaku

Puxar a mão até o quadril - Hiki-te

Puxar o pé até o centro do corpo (parte inferior) - Hiki-ashi

Q

Quadril - Koshi, goshi

274

quatro　　　　　　　**sentimento, coração, espírito**

Quatro - Shi, yon

Quebramento - Shiware, tama-shiware

R

Rasteira - Ashibara, de-ashibarai

Recomeçar - Tsuzukete-hajime [termo usado nas regras de competições de Artes Marciais]

Recomeçar a luta - Shobu-tsuzukete-hajime [termo usado nas regras de competições de Artes Marciais]

Respiração - Kokyu (item importantíssimo para o rejuvenescimento e estabilidade respiratório de qualquer pessoa, nas Artes Marciais, é imperativo se conhecer técnicas de respiração.

Resvalar - Toketa

Revolver - Pisitoru

Roxa (cor) - Akai

S

Saco para socar - Sonotawara

Sair fora da marca - Jogai [termo usado nas regras de competições de Artes Marciais]

Salto - Tobi

Seis - Roku

Sentar - Za

Sentido - Kiutzuke

Sentimento, coração, espírito - Seishin (ou Sei-Shin)

275

sete   **tesoura**

Sete - Shitchi, nana

Sim - Hai

Soco - Zuki, tsuki, seiken

Soco avançando - Oi-zuki, jun-zuki

Soco curto de baixo para cima - Ura-tsuki

Soco em martelo - Tetsui-uchi

Soco em profundidade - Zuki-tukkomi, tsuki-tukkomi

Soco para baixo - Otoshi-zuki

Soco para cima - Age-zuki

Soco semicircular - Mawashi-zuki

Sola do pé - Ashi-ura (ou Ashi-no-ura)

Soldado - Genji

Sombra - Shado

T

Técnicas - Waza

Técnicas corriqueiras - Omote (Kihon)

Técnicas do corpo - Tai-jitsu

Técnicas livres - Jiu-jitsu, Ju-jutsu, jiu-jutsu, ju-jitsu

Técnicas ocultas - Higi

Técnicas secretas - Hiden

Técnicas suaves - Judô (Caminho suave), ju-jitsu

Templo - Kamidana

Tesoura - Basami, kami-basami, hasami

276

Tomem as posições iniciais - Nakae [termo usado nas regras de competições de Artes Marciais]

Três - San

U

Um - Ichi

V

Verde (cor) - Midori

Vermelha (cor) - Aka

Virar - Maware, mawaru

Virar do guarda - Kamae no maware

Virar em guarda da mão - Maware-te, mawa-te

Vitória - Kachi

Vitória do vermelho - Aka no kachi

Vitória do branco - Shiro no kachi

Volte à posição inicial - Jogai-nakai, moto-no-ichi [termo usado nas regras de competições de Artes Marciais]

Bibliografia

ALIANÇA CULTURAL BRASIL-JAPÃO. *Dicionário Básico Japonês-Português.* The Japan Foundation, 3a. ed., Tokyo, Japan: 1991.

BUDO. Printed in Japan. 1979.

BUYO, Michizo. *Karatê-Dô.* Lastari S.A 1989; *DICIONÁRIO ILUSTRADO DE BUDO.* Editora Tecnoprint. 1981.

FUKUMA, Susumu. *Japonês para brasileiros.* 4ª ed., São Paulo: Pioneira Manuais de Estudos, 1986.

FUROKAWA, Takuo. *Shindo Yoshin-Ryu Há.* Printed in Japan. 1982.

FUROKAWA, Takuo. *Nihon Ju-Jutsu.* Printed in Japan. 1982.

HYAMS, Joe. *O Zen nas Artes Marciais.* Editora Pensamento Ltda. 1979.

JAPAN KARATE FEDERATION. *Shitei Kata.* Printed in Japan. 1982.

KANAZAWA, Hirokazu. *Karate Kata.* Printed in Japan, 1982.

NIHON WADO-RYU KARATE RENMEI. *Kata.* Printed in Japan.

NIHON WADO-RYU KARATE RENMEI. *Kihon-Kumite*. Printed in Japan.

O PENSAMENTO VIVO DE BUDA. Martins Claret Editores, 1985.

OTSUKA, Hironori. *Wado-Ryu Karate*. Printed in Hong Kong, 1997.

OYAMA, Masutatsu. *Karate Vital*. Sol S.A., 1970.

SCOTT, David & DOUBLEDAY, Tony. *Elementos do Zen*. Ediouro S.A., 1993.

SOARES, José Grácio Gomes. *Karatê-Dô Wado-Ryu*. 2ª ed., Ícone Editora Ltda. São Paulo, 1986.

SUZUKI, Susumu. *Karatê-Dô*. Wado-Kai do Brasil. São Paulo, 1976.

UNIVERSIDADE OTANI. *Jodo Shinshu*. Editora e Distribuidora de Livros Ltda, São Paulo: 1981.

WHITE, David. *Judô*. Editora Tecnoprint S.A., 1980.

YAMASHIRO, José. *Okinawa*. Cultura Editores Associados, 1993.

YOKOYAMA, Akio. *Karatê-Dô*. Federação Mineira de Karatê, Minas Gerais, 1983.